杭州市哲学社会科学重点研究基地"杭州基层党建研究中心"资助项目

# 汇聚磅礴力量

王永昌 著

红旗出版社

## 图书在版编目（CIP）数据

汇聚磅礴力量 / 王永昌著. -- 北京：红旗出版社，2023.6
　　ISBN 978-7-5051-5327-1

　　Ⅰ.①汇… Ⅱ.①王… Ⅲ.①中国共产党—党史—研究 Ⅳ.①D23

中国国家版本馆CIP数据核字（2023）第061361号

| | | | | |
|---|---|---|---|---|
| 书　　名 | 汇聚磅礴力量 | | | |
| 著　　者 | 王永昌 | | | |
| 责任编辑 | 赵　洁 | | 责任校对 | 郑梦祎 |
| 责任印务 | 金　硕 | | 文字编辑 | 汪佳梅 |
| 出版发行 | 红旗出版社 | | | |
| 地　　址 | 北京市沙滩北街2号 | | 邮政编码 | 100727 |
| | 杭州市体育场路178号 | | 邮政编码 | 310039 |
| 编 辑 部 | 0571-85310198 | | | |
| E-mail | 498416431@qq.com | | 发 行 部 | 0571-85311330 |
| 法律顾问 | 北京盈科（杭州）律师事务所　钱　航　董　晓 | | | |
| 图文排版 | 浙江新华图文制作有限公司 | | | |
| 印　　刷 | 杭州广育多莉印刷有限公司 | | | |
| 开　　本 | 710毫米×1000毫米 | | | 1/16 |
| 字　　数 | 180千字 | | 印　张 | 10.5 |
| 版　　次 | 2023年6月北京第1版 | | 印　次 | 2023年6月杭州第1次印刷 |
| ISBN 978-7-5051-5327-1 | | | 定　价 | 58.00元 |

# 前 言

Preface

在庆祝中国共产党成立100周年大会上发表的重要讲话中，习近平总书记科学提炼了中国共产党的伟大建党精神："中国共产党的先驱们创建了中国共产党，形成了坚持真理、坚守理想，践行初心、担当使命，不怕牺牲、英勇斗争，对党忠诚、不负人民的伟大建党精神，这是中国共产党的精神之源。"[1]习近平总书记站在马克思主义政党发展史和中华民族伟大复兴、中国共产党继往开来的历史进程高度，首次明确提出了"伟大建党精神"，深刻阐述了中国共产党伟大建党精神的丰富内涵及其重大意义。认真学习习近平总书记重要讲话精神，科学把握伟大建党精神的丰富内涵，深刻领悟伟大建党精神的理论和实践价值，无疑是一项长期的任务。在我们党全面总结百年奋斗重大成就和历史经验，迈上实现第二个百年奋斗目标新征程的重大历史时期，学深悟透、弘扬践行伟大建党精神，对接续推进新时代党的建设新的伟大工程，走好新的"赶考"之路，具有重大而深远的历史意义。

---

1.习近平：《在庆祝中国共产党成立100周年大会上的讲话》，北京：人民出版社，2021年版，第8页。

# 目录

Contents

## 01

第一篇

### 深刻认识和把握建党精神的丰富内涵

**001**
一、"坚持真理、坚守理想",深刻揭示了中国共产党是坚持马克思主义科学真理和共产主义远大理想的政党,充分彰显了中国共产党人鲜明的思想品质

**005**
二、"践行初心、担当使命",深刻揭示了中国共产党是坚持为中国人民谋幸福、为中华民族谋复兴的政党,充分彰显了中国共产党人鲜明的政治品质

**007**
三、"不怕牺牲、英勇斗争",深刻揭示了中国共产党是敢于面对和战胜一切艰难险阻,为了人民和崇高事业敢于牺牲一切的政党,充分彰显了中国共产党人鲜明的意志品质

**009**
四、"对党忠诚、不负人民",深刻揭示了中国共产党是具有严明党风党纪的政党,充分彰显了中国共产党人鲜明的道德品质

## 02

第二篇

### 伟大建党精神是中国共产党的精神之源

**013**
一、伟大的历史实践必然铸就伟大的精神

**014**
二、伟大建党精神在中国共产党人精神谱系中的独特地位

**016**
三、伟大建党精神是中国共产党砥砺奋进的精神航标

# 03

第三篇

## 伟大建党精神的重大意义

**020**
一、集中体现了中国共产党的先进本质

**023**
二、集中展现了中国共产党的鲜明政治品格

**032**
三、集中凝练了中国共产党的历史经验

**036**
四、集中诠释了中国共产党人精神谱系的共同特质

**039**
五、深刻揭示了中国共产党走在时代前列的重要逻辑

**042**
六、丰富和发展了习近平新时代中国特色社会主义思想

**047**
七、广泛凝聚起新时代全面建设社会主义现代化强国的磅礴精神伟力

# 04

第四篇

## 伟大建党精神揭示了党的先进性本质

**051**
一、伟大建党精神从内在精神逻辑和政治品质视角深刻揭示和彰显了党的先进性本质

**053**
二、伟大建党精神与党的指导思想的先进性

**056**
三、伟大建党精神与党的性质宗旨的先进性

**063**
四、伟大建党精神与党的意志品质的先进性

**067**
五、伟大建党精神与党组织的先进性

**069**
六、伟大建党精神与党员模范作用的先进性

**070**
七、用伟大建党精神滋养党的先进性建设

## 05

第五篇

### 伟大建党精神深刻诠释了人民至上的根本立场

**073**
一、深刻诠释了党全心全意为人民服务的性质宗旨

**075**
二、深刻诠释了党坚持人民至上的唯物史观和价值观

**077**
三、深刻诠释了党以人民为中心的发展思想

**078**
四、深刻诠释了党紧紧依靠人民的群众路线

## 06

第六篇

### 用伟大建党精神滋养广大党员

**081**
一、从党的指导思想方面认识和把握

**082**
二、从党的性质宗旨方面认识和把握

**083**
三、从党的精神状态方面认识和把握

## 07

第七篇

### 百年奋斗锻造了走在时代前列的中国共产党

**087**
一、"走在时代前列"的丰富内涵

**089**
二、历史自信和历史担当的生动写照

**092**
三、百年奋斗如何锻造出"走在时代前列"的大党

**103**
四、接续走好新时代"赶考"路

**108**
五、深刻诠释了党接续走好"赶考"路的坚定历史自信

## 08

第八篇

**重视思想建党是马克思主义政党的本质特性**

**113**
一、"精神""建党精神"及其基本含义

**115**
二、政党精神是内化于政党组织和党员行为中的"精气神"

**116**
三、政党具有政党精神的客观依据

**117**
四、现代政治本质上是政党政治

**119**
五、马克思主义政党具有鲜明的政党精神

**120**
六、重视思想建党是中国共产党的一个优良传统和重要优势

## 09

第九篇

**伟大建党精神时代价值的学理依据**

**124**
一、伟大建党精神体现人类合理有效的实践活动的基本逻辑

**126**
二、伟大建党精神是真理逻辑、人民逻辑、实践逻辑和党组织主体逻辑的高度统一

**131**
三、结合时代特点大力弘扬伟大建党精神

## 10

第十篇

**中国共产党化危局开新局的若干哲学启示**

**135**
一、中国共产党从诞生走向成熟

**137**
二、中国共产党化危局开新局的几点哲学启示

## 11

### 第十一篇

### 弘扬伟大建党精神 奋力走好新的"赶考"路

**148**
一、奋力走好新的"赶考"路，必须坚定地做"两个确立"的拥护者、执行者

**150**
二、奋力走好新的"赶考"路，必须不断增强党的历史自信

**153**
三、奋力走好新的"赶考"路，必须更密切地联系人民群众

**155**
四、奋力走好新的"赶考"路，必须不断推进党的自我革命

**157**
后 记

# 01 第一篇 深刻认识和把握建党精神的丰富内涵

> 初创时只有50多名党员的中国共产党，如今发展壮大为拥有9600多万名党员、领导着14亿多人口的社会主义大国、具有重大全球影响力的世界第一大执政党。中国共产党为什么行，答案就蕴藏在伟大建党精神之中。

## 一、"坚持真理、坚守理想"，深刻揭示了中国共产党是坚持马克思主义科学真理和共产主义远大理想的政党，充分彰显了中国共产党人鲜明的思想品质

理论是行动的指南。政党政治上的成熟和坚定，通常是以思想理论上的清醒和自觉为基础的。马克思主义就是中国共产党人安身立命的精神支柱和行动旗帜。中国共产党一诞生，就鲜明地高举起马克思主义理论旗帜，站在了人类思想史上的理论高峰，铸造起自己鲜明的思想品质。

一个伟大民族和伟大政党，要掌握历史主动性，始终

走在时代前列,就一刻也不能没有思想理论指引。"1840年鸦片战争以后,中国逐步成为半殖民地半封建社会,国家蒙辱、人民蒙难、文明蒙尘,中华民族遭受了前所未有的劫难。"[1]伟大的中国人民在苦难中思索、在劫难中奋起。那时,各种思潮、"主义"纷至沓来,各类救国救民"方案"轮番亮相。十月革命一声炮响,给中国送来了马克思列宁主义。马克思列宁主义在中国的传播,促进了中国人民的伟大觉醒,点亮了中华民族的复兴之光。历史证明,只有马克思主义才能救中国。

中国共产党为什么能、中国特色社会主义为什么好,归根到底是因为马克思主义行。正如习近平总书记指出:"中国共产党之所以能够完成近代以来各种政治力量不可能完成的艰巨任务,就在于始终把马克思主义这一科学理论作为自己的行动指南,并坚持在实践中不断丰富和发展马克思主义。"[2]

马克思主义深刻揭示了人类社会发展的普遍规律,系统分析了资本主义运行"奥秘"及必然要退出历史舞台的特殊规律,科学阐明了社会主义-共产主义代替资本主义旧世界的历史必然性。

马克思主义公开申明它是为劳动人民谋根本利益的学说,人民是社会的主人,是推动历史发展的根本动力。马克思主义诉诸革命实践活动,用先进的政党组织引领人民群众去变革旧世界和创造新世界,系统阐明了革命和建设实践的基本方向、动力和途径。马克思主义坚持实事求是原则和唯物主义辩证法,强调事物发展的过程性、变革性和开放性。从本质上说,马克思主义是科学的理论、人民的理论、实践的理论和不断发展的开放的理论。这是马克思主义真理力量的根本依据。马克思主义是中国共产党人的行动指南,是中国革命和建设实践的基本指导思想。正如习近平总书记所指出的,马克思主义的"科学性和真理性在中国得到了充分检验,它的人民

---

1. 习近平:《在庆祝中国共产党成立100周年大会上的讲话》,北京:人民出版社,2021年版,第2页。
2. 习近平:《习近平谈治国理政》第二卷,北京:外文出版社,2017年版,第33页。

性和实践性在中国得到了充分贯彻，它的开放性和时代性在中国得到了充分彰显！"[1]

对于中国共产党人来说，马克思主义不但指明了中国和人类发展的方向，而且本质上还与中华优秀传统文化相契合。比如，马克思主义提出的社会主义、共产主义理想，与中华文明重民本、尚和合、求大同等理念有着高度的统一性，与中国历代有志之士追求民富国强的梦想相吻合，与近代以来中国先进分子救亡图存的愿望相一致。毫无疑问，马克思主义在近代以来的中国大地上生根发芽、开花结果，是有着深厚历史文化根基的。

马克思主义真理力量来自同具体实际相结合。马克思主义从来就不是一成不变的僵化教条，而是共产党人认识世界、把握规律、追求真理、改造世界的思想武器。百年来，中国共产党人坚定不移地高举马克思主义旗帜，坚持马克思主义基本原理，坚持实事求是，从中国实际出发，洞察时代大势，把握历史主动，不断把马克思主义基本原理同中国具体实践相结合、同中华民族优秀传统文化相结合、同时代发展实践相结合，进行了艰辛的实践探索和理论创新，不断推进马克思主义中国化时代化，指导中国人民广泛深入地开展伟大社会革命，进行伟大斗争，开辟伟大道路，创造伟大事业，取得伟大成就。正是在这种理论创新和实践创新中，中国共产党人不断开拓马克思主义新发展新境界，创立了毛泽东思想、邓小平理论，形成"三个代表"重要思想、科学发展观，创立了习近平新时代中国特色社会主义思想，为党和人民事业发展提供了科学理论指导，为丰富和发展马克思主义作出了重大原创性贡献。中国共产党始终坚持马克思主义基本原理，以百年奋斗深刻改变了近代以来中华民族发展的方向和进程，百年来中华民族波澜壮阔的历史进程也极大地丰富和发展了马克思主义。党的奋斗历史，就是不断推进马克思主义中国化时代化的历史，就是不断推进理论创新、理论创造的探索史，就是不断丰富和发展马克思主义的历史。

---

1. 习近平：《在纪念马克思诞辰200周年大会上的讲话》，北京：人民出版社，2018年版，第14页。

马克思主义作为我们党的行动指南，同时也就成了全党的共同理想信念。一个人的理想信念是人生灯塔，一个政党的理想信念决定着政党的行动方向和前途命运。我们党的理想信念科学依据就是马克思主义理论，也就是建立在对人类社会和历史发展规律深刻把握的基础上的。这样的理想信念才是真实而崇高的。对马克思主义的坚定信念，牢固铸就了中国共产党人的思想灵魂和精神支柱。

革命理想高于天。坚定的理想信念，是事关马克思主义政党、社会主义国家的发展方向和凝心聚力的根本问题。马克思主义政党是以人民的共同利益和共同理想信念组织起来的政党。中国共产党人自觉而坚定地把马克思主义作为自己的理想信念和行动指南，在前进中不论遇到什么艰难险阻，对理想信念从不动摇。理想因其崇高远大而为理想，信念因其坚韧执着而为信念。一代又一代共产党人为实现革命理想而拼搏奋斗，无数革命先烈为此献出了宝贵生命。方志敏烈士曾写下了雄壮诗篇："敌人只能砍下我们的头颅，决不能动摇我们的信仰！因为我们信仰的主义，乃是宇宙的真理！"[1] 坚持真理、坚守理想的中国共产党人，以巨大的真理勇气和坚定的理想信念，始终不渝地坚持用马克思主义基本原理分析问题、解决问题，实事求是，解放思想，结合不同历史阶段的实践任务，长期不懈地进行艰巨的理论创新，从而形成了与历史进程相适应的、指导新的实践的伟大理论成果，不断丰富和发展马克思主义，不断彰显马克思主义的真理力量和理想信念的精神力量。

坚持真理、坚守理想，是中国共产党人始终如一的思想品质。伟大建党精神中的"坚持真理、坚守理想"，充分体现了中国共产党人这一内在基因，并成为在百年实践中与时俱进的优秀思想品质。建设坚强的马克思主义政党，首先就要从坚持科学真理和坚守理想信念做起。思想理论和理想信念建设是党的基础性建设。在新时代，我们要深入学习马克思主义基本理论，特别要深入学习习近平新时代中国特色社会主义思想，赓续党的红色血脉，

---

1. 方志敏：《方志敏文集》，北京：人民出版社，1985年版，第144页。

不断增强坚持真理的自觉性和坚守信念的坚定性，不断补足精神之"钙"，坚定地挺起共产党人的精神脊梁，解决好世界观、人生观、价值观这个"总开头"，用每个共产党员的实际行动为实现中国特色社会主义共同理想和共产主义远大理想而不懈奋斗。

## 二、"践行初心、担当使命"，深刻揭示了中国共产党是坚持为中国人民谋幸福，为中华民族谋复兴的政党，充分彰显了中国共产党人鲜明的政治品质

马克思主义的科学理论只有同中国具体实际相结合，才能具有改造世界的强大力量。中国共产党根据马克思主义基本原理和人类历史发展规律，把党的性质宗旨和初心使命，紧紧地同中华民族的历史命运和中国人民的根本利益联结在一起。伟大建党精神充分体现了中国共产党的初心使命和性质宗旨。争取民族独立、人民解放和实现国家富强、人民幸福是中国近代以来的历史主题，也是中国共产党百年来为之奋斗的历史主线。

全心全意为人民服务是党的根本宗旨，我们党始终代表最广大人民的根本利益，与人民休戚与共，生死相依，没有任何自己特殊的利益，也从来不代表任何利益集团、任何权势团体、任何特权阶层的利益。为中国人民谋利益、为中华民族谋复兴，是中国共产党人的初心和使命，是中国共产党性质宗旨、理想信念、奋斗目标的集中体现。中国共产党的诞生、成长和奋斗进程，就是为中国人民谋利益、为中华民族谋复兴的历程。习近平总书记指出，一百年来，中国共产党团结带领中国人民进行的一切奋斗、一切牺牲、一切创造，归结起来就是一个主题：实现中华民族的伟大复兴。中国共产党的根基在人民，力量在人民，为的也是人民。我们党打江山、守江山，就是为了人民过上美好生活，守的就是人民的心。中国共产党一经诞生，就义无反顾地把为中国人民谋幸福、为中华民族谋复兴确立为自己的初心使命。

一个政党的初心使命，集中反映该政党的政治属性。因为，初心使命直接体现了政党建立的政治基本依归和出发点，体现了政党为什么政治主体

和政治利益而存在的政治性质，体现了政党以什么目标而奋斗的政治理想，也体现了政党要把社会发展引向何方的政治命运。初心说明其本来，使命昭示其未来。初心使命的实质，集中反映一个政党"我是谁、为了谁""从哪里来、到哪里去"的根本问题。中国共产党为中国人民谋幸福、为中华民族谋复兴的初心使命，集中展示了我们党始终代表人民根本利益、全心全意为人民服务、与人民群众同呼吸共命运的政治立场，展现了我们党始终代表中华民族根本利益、对中华民族历史和未来负责的政治使命。这是中国共产党性质宗旨的鲜明标识，也是中国共产党政治品质的鲜明特点。

百年来，中国共产党矢志不渝地践行初心使命，为了让人民过上更美好的生活和实现中华民族伟大复兴而劈波斩浪，不懈奋斗。习近平总书记指出："回顾党的历史，为什么我们党在那么弱小的情况下能够逐步发展壮大起来，在腥风血雨中能够一次次绝境重生，在攻坚克难中能够不断从胜利走向胜利，根本原因就在于不管是处于顺境还是逆境，我们党始终坚守为中国人民谋幸福、为中华民族谋复兴这个初心和使命，义无反顾向着这个目标前进，从而赢得了人民衷心拥护和坚定支持。"[1]在百年奋斗征程中，我们党彰显了以践行初心使命为主题的鲜明政治本色。

政治立场、政治目标和政治方向是政党的生命。伟大建党精神中的"践行初心、担当使命"，充分体现了中国共产党一切为了中国人民和中华民族根本利益的政治目标和政治立场。这是中国共产党区别于其他政党的最重要的政治品质。中国共产党是深深扎根于人民、有着远大政治追求和政治使命的政党。不管路途多么遥远、途中有多少风雨，只有牢记并持之以恒地践行初心使命，才能开拓通向未来的光辉道路。百年来，我们党肩负起全心全意为中国人民谋利益、为中华民族谋复兴的初心使命而不懈奋斗，创造了史诗般的历史伟业。

---

1. 中共中央党史和文献研究院、中央"不忘初心、牢记使命"主题教育领导小组办公室编：《习近平关于"不忘初心、牢记使命"论述摘编》，北京：中央文献出版社、党建读物出版社，2019年版，第20页。

初心见本来，使命向未来。我们要牢记全心全意为人民服务的根本宗旨，牢记实现人民对美好生活的向往的奋斗目标，牢记实现中华民族伟大复兴的历史使命，为全面建设社会主义现代化强国而不懈奋斗。

## 三、"不怕牺牲、英勇斗争"，深刻揭示了中国共产党是敢于面对和战胜一切艰难险阻，为了人民和崇高事业敢于牺牲一切的政党，充分彰显了中国共产党人鲜明的意志品质

中国共产党的理想信念、性质宗旨、初心使命及其革命性，决定了它是一个不怕牺牲、英勇斗争的政党。中国共产党以马克思主义理论为指导，代表中国人民和中华民族根本利益，以实现社会主义现代化为奋斗目标，把实现共产主义作为最高理想，要摧毁一个旧世界、创造一个新世界，肩负着实现中华民族独立、人民解放和国家富强、人民幸福，以及创造中国式现代化新道路和人类文明新形态的使命，既为中国人民谋幸福，也为世界人民谋进步。中国共产党要推进如此宏大事业，要实现如此艰巨使命，在前进过程中必定充满艰难险阻，需要奉献和牺牲。不怕牺牲、英勇斗争既体现了我们党的鲜明特性，也体现了历史发展和革命斗争的普遍规律。

历史进步通常是以付出一定代价为前提的。古往今来，历史上重大变革和进步，总要经过艰难困苦的斗争，甚至流血牺牲才能实现。中国共产党从事如此宏阔艰巨的历史伟业，更是不可避免地要经历种种磨难和牺牲。中国共产党诞生于国家内忧外患、民族危机四起之际，从成立开始就面临种种生死考验。百年前，建党先驱和革命志士们就是在坚定理想信念的指引下，在荆棘丛生之地创建中国共产党的。"为有牺牲多壮志，敢教日月换新天"，是共产党人胸怀远大志向和牺牲奋斗精神的生动写照。中国共产党本身就是在艰难困苦、不屈不挠的斗争中一步步成长和壮大的。不怕牺牲、英勇斗争作为党的内在精神基因，在一代又一代共产党人身上得到了传承和弘扬。

历史伟业在艰难困苦的斗争中创造。斗争就会有牺牲。建立中国共产党、打败外国侵略者、推翻国民党反动统治、成立中华人民共和国、开展社会主义改造和建设、实行改革开放、推进新时代中国特色社会主义事业,都是在中国共产党团结带领人民进行艰苦奋斗、付出巨大牺牲后实现的。在百年奋斗征程中,多少共产党人献出了宝贵的生命啊!据不完全统计,从1921年至1949年,全国牺牲的有名可查的革命烈士就达370多万人。在抗美援朝中,有19.7万多名中华儿女献出了生命。在脱贫攻坚中牺牲的党员干部有1800多人。[1]

不怕牺牲、英勇斗争的奉献精神体现在革命先烈身上,也体现在党的全部历史实践活动之中。可以说,这种斗争奉献精神贯穿于党诞生以来革命和建设的各个历史时期,是中国共产党鲜明的意志风骨。无论是在新民主主义革命时期取得的辉煌胜利,还是在中华人民共和国成立后取得的抗美援朝战争胜利,打破西方国家封锁和应对国内外各种风险考验取得的经济、政治、文化、科技、军事、外交等历史性成就,都是党团结带领人民发扬不怕牺牲、英勇斗争精神的结果。中国共产党一路走来,把不怕牺牲、英勇斗争精神写在了中国大地上,党和国家各种事业取得的历史性成就,是通过顽强斗争和不怕牺牲换来的。

中国共产党在奋斗征程中锤炼出了不畏强敌、不怕牺牲、英勇斗争、勇于胜利的精神风骨。在新的历史条件下,传承发扬党的英雄斗争精神、牺牲奉献精神,同样十分必要且意义重大。当今世界正经历百年未有之大变局,中华民族伟大复兴正处在关键时期,改革开放正处于攻坚克难阶段,全面建成小康社会后,我国正开启全面建设中国特色社会主义现代化国家新征程,这都需要我们继续发扬不怕牺牲、英勇斗争的精神,去争取新的胜利。

同时,我们还要清醒地看到,在党长期执政条件下,一些党员干部容易滋生精神懈怠,甚至出现贪图名利、安于享受、贪污腐败等消极现象。显然,实现中华民族伟大复兴、全面建设社会主义现代化强国的过程,同样是一个

---

1.参见曲青山:《弘扬伟大建党精神》,《人民日报》2021年7月8日,第9版。

充满风险挑战的艰难的斗争过程。习近平总书记指出:"中华民族伟大复兴,绝不是轻轻松松、敲锣打鼓就能实现的,实现伟大梦想必须进行伟大斗争。在前进道路上我们面临的风险考验只会越来越复杂,甚至会遇到难以想象的惊涛骇浪。我们面临的各种斗争不是短期的而是长期的,至少要伴随我们实现第二个百年奋斗目标全过程。"[1]在进行中国特色社会主义现代化强国建设实践、开展具有许多新的历史特点的伟大斗争的新征程中,我们唯有继承和弘扬不怕牺牲、英勇斗争的精神,不断增强斗争本领,顽强拼搏,才能书写无愧于历史、无愧于时代的新篇章。

不怕牺牲、英勇斗争作为伟大建党精神的重要内容,是我们党无所畏惧、勇于牺牲的优秀品行和敢于斗争、顽强奋斗的优良作风的集中体现。这种优良品行意志和作风是一种气吞山河、感天动地的强大意志力量,无论过去、现在和未来,都是我们党团结带领人民战胜各种艰难险阻的精神伟力。

## 四、"对党忠诚、不负人民",深刻揭示了中国共产党是具有严明党风党纪的政党,充分彰显了中国共产党人鲜明的道德品质

打铁必须自身硬。办好中国的事,关键在党。中国共产党要实现自己远大的政治理想和崇高的历史使命,就必须把党自身建设成为高度集中统一、组织纪律严明和党员行为品德优良的先锋队组织。这就需要把加强党自身建设这个"伟大工程"放在十分突出的位置,确保党始终走在时代前列,能担负起团结带领人民实现中华民族伟大复兴的历史重任。

"对党忠诚、不负人民"是对中国共产党员鲜明的党性要求,是党组织对每位共产党员从入党那天起就明确规定的组织纪律要求,也是党员约束规范自己行为的律己品德。对党忠诚,是党组织、党章对党员党性党纪的底线

---

1. 《发扬斗争精神增强斗争本领 为实现"两个一百年"奋斗目标而顽强奋斗》,《人民日报》2019年9月4日,第1版。

要求,意味着党员在任何时候、任何条件下都要忠诚于党,忠诚于党的理想信仰,忠诚于党的事业,忠诚于党的理论、路线、方针和政策,为党和人民事业奋斗终身。习近平总书记指出:"我们党作为马克思主义执政党,不但要有强大的真理力量,而且要有强大的人格力量。"[1]党员忠诚于党、忠诚于人民,忠诚于自己的誓言,言行一致,为党和人民的事业兢兢业业奋斗终身,这就是党员应有的政治品格。

百年来,我们党经受住了无数惊涛骇浪和艰难险阻的考验,但前行中没有任何困难能压垮我们党,任何强大的敌人都无法打垮我们党。这是因为,中国共产党是一个由无数忠诚于组织的党员组成的,有坚定理想信念、强烈历史使命、坚强斗争意志、严明组织纪律和高尚道德风范的马克思主义先进政党。中国共产党聚集了中华民族一批又一批最优秀的儿女,他们为国为民勇于奉献,自觉接受和忠实践行马克思主义世界观、人生观、价值观,继承弘扬中华民族优秀传统道德。共产党员是对党忠诚老实、道德品行高尚的先进分子,无论顺境还是逆境,都要无条件地服从组织和党的领导,遵守党的纪律,投身党的事业,严以律己,充分发挥党员的先锋模范作用。

"对党忠诚,不是抽象的而是具体的,不是有条件的而是无条件的,必须体现到对党的信仰的忠诚上,必须体现到对党组织的忠诚上,必须体现到对党的理论和路线方针政策的忠诚上。"[2]习近平总书记揭示了对党忠诚的深刻内涵和具体内容,阐明了对共产党员的基本党性原则和组织纪律要求,为新时代加强党性和党的品德修养指明了方向。我们要按照习近平总书记的要求,不断加强党性和道德修养,自觉增强对党组织的忠诚觉悟,要护党为党,始终以党的事业为重,尤其要不断增强政治意识,坚持党中央权威和集中统一领导,与党中央同心同德,严守党的政治规矩和组织纪律,始终在政治信

---

1. 中共中央文献研究室编:《习近平关于全面从严治党论述摘编》,北京:中央文献出版社,2016年版,第157页。
2. 习近平:《习近平谈治国理政》第二卷,北京:外文出版社,2017年版,第189页。

仰、政治立场、政治方向、政治原则、政治纪律等党性问题上，同以习近平同志为核心的党中央保持高度一致，增强"四个意识"、坚定"四个自信"、做到"两个维护"，牢记"国之大者"。

中国共产党的党性党纪要求与人民性要求是高度统一的。中国共产党没有自己的特殊利益，一切都是为了人民的根本利益和让人民过上更加美好的生活。不负人民，就是忠诚于党和人民的事业。坚持人民至上，坚持建党立党执政为民，始终不负人民对党的信任和重托，全心全意为人民工作，这本身就是对党忠诚的集中体现。对党忠诚和人民至上都集中体现了中国共产党的性质宗旨和党性原则。对党忠诚、对党负责本质上就是对人民忠诚、对人民负责。对中国共产党来说，党的根基在人民，党的血脉在人民，党的生命在人民，党的力量在人民。人民是历史的主人，是人类社会发展的主人。中国共产党始终与人民休戚与共、生死相依。我们党之所以能够得到人民拥护，之所以能取得不断胜利，说到底是因为党不负人民，始终坚持为民造福。人民立场是中国共产党的根本政治立场，为人民谋利益是中国共产党的根本宗旨，也是马克思主义政党区别于其他政党的根本标志。不负人民是党的性质宗旨的必然反映，也是党性原则和党员道德品行的内在要求。对党忠诚，永不叛党，随时为党和人民的事业献身，是党对党员的基本要求，也是建党先驱们留下的优秀品德。

党性与人民性是高度统一的。坚持党性就要坚持人民性，党性寓于人民性之中，没有离开人民性的党性，同样也没有脱离党性的人民性。中国共产党与中国人民是不可分割的命运共同体，是一个有机的生命整体，任何企图把两者分割开来、对立起来的想法和做法，都是错误的，也是不能得逞的。我们要坚定不移地站稳人民立场，贯彻落实好党的群众路线，始终与人民保持血肉联系，努力践行以人民为中心的发展思想，着力解决好发展不平衡不充分问题和人民群众需要解决的实际问题，促进社会经济发展水平与人民生活水平共同提高，采取切实举措使全体人民的共同富裕水平有更多更实质的进展，不断实现好、维护好、发展好最广大人民的根本利益，团结带领人民创造更美好的生活。

一百年来，由中国共产党先驱们培育形成并在长期奋斗实践中不断拓展升华的伟大建党精神，不但具有深刻的思想理论内涵，而且构筑起史诗般的活的精神谱系。这些精神都是伟大建党精神在各个历史发展阶段的具体体现，共同彰显着我们党的性质宗旨、政治品质和精神风貌。

坚持真理、坚守理想，践行初心、担当使命，不怕牺牲、英勇斗争，对党忠诚、不负人民的伟大建党精神，科学揭示了中国共产党在指导思想、性质宗旨、意志作风和党纪品德及其内在统一的先进特质，深刻诠释了中国共产党诞生、成长、壮大的内在逻辑及历史轨迹。伟大建党精神是中国共产党团结带领人民不断取得革命、建设和改革胜利的成功密码，是我们党坚持英勇奋斗、引领时代发展的强大动力。从百年党史维度分析，伟大建党精神既是中国共产党诞生的精神标识，也是中国共产党的精神之源。中国共产党进行的伟大斗争，开创的伟大道路，开展的伟大事业，创造的伟大成就，都是同高扬伟大建党精神紧密联系在一起的。没有伟大建党精神，我们党不可能战胜各种艰难困苦，不可能取得百年辉煌。中国共产党之所以能，之所以历经百年依然风华正茂，一个真谛就在于有伟大建党精神。

伟大建党精神深刻揭示了中国共产党是一个什么样的政党和怎样建设这个政党这一基本问题，深刻回答了中国共产党为什么能这个根本问题。伟大建党精神是我们党建党立党、兴党强党的精神根脉，是当代中国精神和新时代精神的核心内容，是我们党团结带领各族人民开创百年功业和奋进新时代的强大精神动力。在全面建设社会主义现代化强国伟大新征程中，我们要大力传承和弘扬伟大建党精神，赓续红色精神血脉，丰富和发展红色精神谱系，去创造更加灿烂的千秋功业。

# 02 伟大建党精神是中国共产党的精神之源

第二篇

## 一、伟大的历史实践必然铸就伟大的精神

伟大的实践铸就伟大的精神,伟大的精神滋养伟大的党和党的伟大事业。中国共产党之所以历经磨难而信念越坚、饱尝艰辛而斗志更强、千锤百炼而意志更韧,并团结带领人民不断从胜利走向胜利,一个很重要的原因,就是始终有强大的精神力量支撑。

> 伟大建党精神作为中国共产党的精神之源,生动展示了党诞生、成长和发展的艰难而奋进的历史过程。党的诞生和发展、党的初心使命的践行都是一个波澜壮阔的历史过程,伟大建党精神也是伴随着党的行进步伐而不断丰富和发展的。中国共产党在波澜壮阔的百年奋斗历程中,逐步培育形成了以伟大建党精神为源头的一系列彰显党的性质宗旨、反映民族精神、体现时代要求、凝聚各方力量的中国共产党的政党精神。从我们党的历史进程和伟大建党精神的深刻内涵角度讲,伟大建党精神构成了中国共产党建党兴党强党的精神之基,是中国红色革命的精神之基,是中国共产党始终保持先进性、始终具有强大生命力、始终走在时代前列的精神之本。

中国共产党的百年历史是一部带领中国人民站起来、富起来、强起来的奋斗史，也是一部不断传承民族精神、铸就红色文化、培育时代精神的发展史。百年来，我们党弘扬伟大建党精神，在新民主主义革命时期、社会主义革命和建设时期、改革开放和社会主义现代化建设新时期都形成了一系列感天动地的伟大精神，构建起中国共产党人的精神谱系。进入中国特色社会主义新时代的奋斗者精神，特别是抗击新冠肺炎疫情中展现出来的抗疫精神和全面建成小康社会过程中彰显的脱贫攻坚精神等，都是中国共产党进行伟大斗争实践的精神结晶和升华，是中国共产党的革命意志、思想境界、理想信念、品行风范的生动写照，是中国共产党人的精神家园和砥砺奋进的精神动力，并汇聚成奔腾澎湃的伟大的中国精神。

中国共产党在百年历史进程中，从上海和嘉兴南湖起航出征，从开展革命斗争走向全国执政，走向改革开放，走向新时代，取得了几个重大历史阶段马克思主义中国化的伟大思想理论成果，夺取了一个又一个伟大胜利。党的革命精神也在革命、建设和改革开放的历史进程中不断得到发扬光大。

## 二、伟大建党精神在中国共产党人精神谱系中的独特地位

伟大建党精神是中国共产党诞生的精神标识，是中国共产党人精神谱系的开篇，是中国共产党精神之源。

在百年奋斗中，中国共产党在不同历史时期都铸就了以伟大建党精神为源头的一系列伟大精神。在新民主主义革命时期，我们党形成的井冈山精神、长征精神、延安精神、抗战精神、太行精神、红岩精神、西柏坡精神等，在社会主义革命和建设时期形成的抗美援朝精神、大庆精神、"两弹一星"精神、雷锋精神、焦裕禄精神、红旗渠精神等，在改革开放和社会主义现代化建设新时期形成的改革开放精神、特区精神、女排精神、抗洪精神、抗击"非典"精神、载人航天精神、抗震救灾精神等，进入中国特色社会主义新时代形成的奋斗者精神，特别是抗击新冠肺炎疫情中展现出来的抗疫精神和全面建成小康社会过程中彰显的脱贫攻坚精神等，它们共同铸就这个蔚为壮观的

精神谱系。而伟大建党精神是整个精神谱系的源头和内核。

从历史时序看,伟大建党精神是中国共产党革命精神的历史起点,精准标注了中国共产党精神品质和中国百年革命精神的源头坐标,是我们党百年红色精神谱系的起始环节。

从内容指向看,伟大建党精神体现了中国共产党对马克思主义科学真理的追求和对马克思主义建党学说中国化的探索,体现了对以爱国主义为核心的民族精神的传承和升华,体现了对中国近代以来历史发展规律、历史发展课题的自觉把握,更集中体现了党的性质宗旨、信念追求、政治本色、初心使命、风格品质等,从而构建起了党的精神世界的基本骨架。

从表现形态看,在中国共产党成长壮大的历史进程中,每一个发展阶段都形成了代表相应时代特点的独特精神,它们虽具有不同的内容表述和鲜明的地域人物特色,具体形态特点也不尽相同,但它们都传承和展现着伟大建党精神的基本内涵及其精神实质,本质上是相通相融的。伟大建党精神是中国百年革命精神和红色文化之源,不但与中国共产党历史上形成的优良传统和革命精神有着一脉相承的内在关系,而且百年来中华民族精神文化的传承和发展,也与之直接相关。

以坚持真理、坚守理想,践行初心、担当使命,不怕牺牲、英勇斗争,对党忠诚、不负人民为内涵的伟大建党精神,不但贯穿中国共产党的奋斗历程,标注了中国历史发展和中国革命的新方位,更是集中体现了党的性质宗旨、理想信念、品质风范,体现了党的先进性、人民性和把握时代发展方向的自觉性,因而它构成了中国百年革命精神之源、中国共产党精神和党的先进性之源。伟大建党精神在历史逻辑上处于源头地位,在内容上具有奠基性,在功能作用上具有引领性,在特性上具有开放性、发展性,在中国共产党人的整个精神谱系中处于源头地位,起着主导作用,是我们党劈波斩浪、永远走在时代前列的精神丰碑。

## 三、伟大建党精神是中国共产党砥砺奋进的精神航标

中国共产党一直重视党的精神品质建设,形成了鲜明的马克思主义精神家园。这个红色精神、红色文化家园,就是以伟大建党精神为内核的中国共产党精神世界。

伟大建党精神是中国共产党进行伟大斗争的强大思想武器。没有斗争,就没有胜利。我们党是一个敢于斗争、善于斗争,并能在斗争实践中不断取得胜利的党。中国共产党人在新民主主义革命时期,面对革命战争的枪林弹雨,英勇奋斗、百折不挠,浴血奋战、视死如归;在社会主义革命和建设时期,面对艰难局面,激情燃烧、无私奉献,自力更生、发愤图强;在改革开放和社会主义现代化建设新时期,面对改革开放和全面建成小康社会的繁重任务,不畏艰险、勇敢担当,解放思想、锐意进取;进入中国特色社会主义新时代,面对国内外各种风险、挑战、考验和全面推进现代化建设新使命,勇于担当、敢于斗争,自信自强、守正创新。我们党历经千难万险,付出巨大牺牲,取得了一个又一个辉煌成就。在中国共产党的坚强领导下,中华民族迎来了从站起来、富起来到强起来的伟大飞跃。我们党和中华民族之所以能不断推进历史新飞跃,很重要的原因,就是中国共产党带领全国人民以顽强的革命精神进行了艰苦卓绝的奋斗。社会是在矛盾运动中前进的,有矛盾就会有斗争。共产党人永远是革命者,革命者就要永远保持革命精神。今天,我们在进行具有许多新的历史特点的伟大斗争中,同样需要我们结合时代特点大力弘扬伟大建党精神,不断提高斗争本领,有效应对重大挑战,善于抵御和化解重大风险,克服各种阻力,去夺取新的胜利。

伟大建党精神是中国共产党推进伟大事业的强大精神力量。伟大事业离不开理想信念的有力支撑。没有牢不可破的理想信念,就无法在革命、建设和改革进程中取得一个又一个的胜利。回望来时路,中国共产党人不忘初心、牢记使命,发扬伟大建党精神,不懈奋斗,取得了举世瞩目的辉煌成就。展望新时代,推进中国特色社会主义伟大事业,开创社会主义现代化新

征程，实现二十一世纪马克思主义新发展，推进人类命运共同体建设，使命崇高，任重道远，同样需要中国共产党人始终保持坚定的理想信念，始终保持革命热情、革命斗志，始终保持永不懈怠的精神状态和一往无前的奋斗姿态。

伟大建党精神是中国共产党团结带领中国人民实现中华民族伟大复兴梦想的强大精神动力。无论是硝烟弥漫的革命战争年代，还是激情燃烧的建设岁月，抑或波澜壮阔的改革开放时期，中国共产党自觉肩负起为中国人民谋幸福、为中华民族谋复兴的历史使命，团结带领全国各族人民进行了新民主主义革命、社会主义革命和建设、改革开放和社会主义现代化建设的伟大实践，从根本上改变了中华民族的前途命运，开辟了中华民族伟大复兴的光明前景。党的十八大以来，中国特色社会主义进入新时代。我们党以伟大的历史主动精神、巨大的政治勇气、强烈的责任担当，领导中国人民顽强奋斗，创造了新时代中国特色社会主义的伟大成就，中华民族终于迎来了从站起来、富起来到强起来的伟大飞跃。

但是，我们还必须清醒地认识到，实现中华民族伟大复兴是长期的艰苦奋斗的过程。伟大建党精神承载着无数革命先烈的光荣与梦想，在新时代继续弘扬伟大建党精神，必将激励中国共产党团结带领中国人民，为实现中华民族伟大复兴的中国梦而继续奋斗。

伟大建党精神是中国共产党建设伟大工程的强大精神动力。在统揽伟大斗争、伟大工程、伟大事业、伟大梦想中，起决定性作用的是新时代党的建设这一新的伟大工程。一以贯之地全面加强党的建设，是党和国家的根本所在、命脉所在，是全国各族人民的利益所在、幸福所在。历史和实践表明，以伟大建党精神为内核、为统领的中国共产党的系列伟大精神，是我们党优良传统和优秀品质的集中体现，伴随我们党的成长和发展，赋予了我们党"勇于自我革命"的强大精神力量。在长期的革命实践中，正是因为我们党勇于以自我革命的精神来打造和锤炼自己，才能永葆先进性和纯洁性，并获得了最广泛、最可靠的群众基础和最深厚的力量源泉。党的十九大把"坚持党对一切工作的领导""坚持全面从严治党"作为坚持和发展中国特色社会主义基本方略,对新时代党的建设提出新的更高的要求。我们必须继续从红色精神中汲取力量,以"永远在路上"的执着把全面从严治党引向深入,坚定不移地推进新时代党的建设这一新的伟大工程。

伟大建党精神体现了中国共产党人的政治本色和精神风骨,是我们党长盛不衰、充满生机、枝繁叶茂、赢得未来的不竭动力。

# 03 伟大建党精神的重大意义

第三篇

习近平总书记在庆祝中国共产党成立100周年大会上发表的重要讲话中指出,"中国共产党的先驱们创建了中国共产党,形成了坚持真理、坚守理想,践行初心、担当使命,不怕牺牲、英勇斗争,对党忠诚、不负人民的伟大建党精神,这是中国共产党的精神之源"[1]。百年来,中国共产党弘扬伟大建党精神,在长期奋斗中构建起中国共产党人的精神谱系,锤炼出鲜明的政治品格。我们要结合新时代实践,深刻领悟建党精神的重大意义。一个初创时只有50多名党员的中国共产党,如今发展壮大为拥有9600多万名党员、领导着14亿多人口的社会主义大国、具有重大全球影响力的世界第一大执政党。中国共产党何以成功,何以创造辉煌?何以始终走在时代前列,成为中国人民和中华民族的主心骨?一个根本答案就蕴藏在伟大建党精神之中。

---

1.习近平:《在庆祝中国共产党成立100周年大会上的讲话》,北京:人民出版社,2021年版,第8页。

## 一、集中体现了中国共产党的先进本质

政党作为一个社会政治组织，首先要向社会表明自己的组织性质和政治纲领，宣示其"是什么"的政治性质和"要干什么"的政治主张。这是一个政党的根本问题和基本的政治标识。这个问题在本质上反映了政党是否具有先进性。一般地说，代表历史发展趋势和人民群众根本利益的政党，才是进步的、先进的政党。马克思主义政党就是先进的政党。

中国共产党是中国工人阶级的先锋队，同时是中国人民和中华民族的先锋队，是一个先进的马克思主义政党。马克思主义政党的先进性是由组成它的阶级、阶层的先进性决定的。从历史唯物主义分析，一个社会阶级或阶层是否具有先进性，主要取决于是否代表并促进社会生产力的发展。人类社会发展进入工业化时代以来，工人阶级就是社会先进生产力的代表，社会主义、共产主义和马克思主义，就是自觉代表社会先进生产力和工人阶级根本利益的思想理论。马克思主义政党从来都坚持党由工人阶级中有觉悟的、先进的分子组成，是无产阶级的先锋队组织，而不是其他一般性的社会组织。中国共产党是由一大批工人阶级中具有共产主义觉悟、富有牺牲奉献精神的先进分子所组成的。同时，根据中国国情和党的历史使命，中国共产党也是中国人民和中华民族的先锋队，具有广泛的社会阶层基础。

中国共产党的先进性体现在党的指导思想的先进性上。中国共产党政治本质和精神品质的形成，离不开马克思主义思想理论的科学指引。坚持马克思主义科学真理，坚守马克思主义揭示的社会主义、共产主义理想信念，是中国共产党保持先进性的思想理论基础。习近平总书记指出："不忘初心、牢记使命，必须用马克思主义中国化最新成果统一思想、统一意志、统一行动。马克思主义政党的先进性，首先体现为思想理论上的先进性。注重思想建党、理论强党，是我们党的鲜明特色和光荣传统。"[1] 马克思主义作为

---

[1] 习近平：《在"不忘初心、牢记使命"主题教育总结大会上的讲话》，北京：人民出版社，2020年版，第13页。

中国共产党的根本指导思想，是党的灵魂和党不断前行的旗帜。马克思主义系统而深刻地揭示了自然界、人类社会、人类思维发展的普遍规律，为人类社会发展进步指明了方向。马克思主义不仅提出了共产主义的远大理想，而且还指明了实现这个理想的根本方法和基本路径，包括建立无产阶级政党、组织和依靠劳动人民、开展革命斗争、组织武装力量和建立革命政权等。马克思主义具有鲜明的科学性、实践性、人民性和开放性的真理本质。对共产党人来说，马克思主义是认识世界、改造世界的思想武器，而不是僵死的教条。在艰辛的实践探索中，中国共产党人不断推进马克思主义中国化时代化，不断开辟马克思主义新境界，创立了毛泽东思想、邓小平理论，形成了"三个代表"重要思想、科学发展观，创立了习近平新时代中国特色社会主义思想，为党和人民事业发展提供了科学理论指导，为丰富和发展马克思主义作出了重大原创性贡献。习近平新时代中国特色社会主义思想是新时代中国共产党人认识客观规律、掌握客观规律、运用客观规律进而推动党和人民各项事业的行动指南，是我们党保持先进性、走在时代前列的生动展现。

中国共产党的先进性体现在党的初心使命的先进性上。一个政党的政治性质是否具有先进性，归根到底取决于是否真正代表人民的根本利益。这就是一个政党的根本宗旨和初心使命是什么的根本问题。政党的宗旨使命决定了政党的政治分野和政治性质。中国共产党来自人民，是一个全心全意为人民服务的政党。人民利益是中国共产党的根本出发点，人民立场是中国共产党的根本立场，人民至上是中国共产党的最高价值准则。人民性是中国共产党最鲜明的本质特性。习近平总书记指出："江山就是人民、人民就是江山，打江山、守江山，守的是人民的心。中国共产党根基在人民、血脉在人民、力量在人民。"[1]"我们党是全心全意为人民服务的党，坚持立党

---

[1] 习近平：《在庆祝中国共产党成立100周年大会上的讲话》，北京：人民出版社，2021年版，第11页。

为公、执政为民,把人民对美好生活的向往作为始终不渝的奋斗目标。"[1] "人民立场是中国共产党的根本政治立场,是马克思主义政党区别于其他政党的显著标志。"[2] "人民是我们党的工作的最高裁决者和最终评判者。如果自诩高明、脱离了人民,或者凌驾于人民之上,就必将被人民所抛弃。任何政党都是如此,这是历史发展的铁律,古今中外概莫能外。"[3] 为人民谋幸福、为中华民族谋复兴是中国共产党始终如一的初心使命。中国共产党的百年奋斗史,就是一部践行党的初心使命的历史。中国共产党始终代表的是最广大人民的根本利益,而没有任何自己特殊的利益,也从来不代表任何利益集团、任何权势团体、任何特权阶层的利益。百年来,中国共产党团结带领中国人民进行的一切奋斗、一切牺牲、一切创造,归结起来就是一个主题:实现中华民族的伟大复兴。实现中华民族伟大复兴,是历史的必然,是各族人民的共同愿望和根本利益所在。

中国共产党的先进性体现在各级党组织的战斗堡垒作用和广大党员的先锋模范作用上。因为,党的性质宗旨、理想信念、初心使命和党的一切主张要求,都需要各级党组织和广大党员来贯彻落实,党的所有先进特性也要通过党员、干部的先锋模范作用来实现。所以,党要求各级党组织要发挥战斗堡垒作用,党员要发挥先锋模范作用。

毫无疑问,党的先进性必然要求党在自己的全部活动和广大党员的行为活动中表现出先进性,包括党员高尚的理想信念和顽强的精神意志。而党的"坚持真理、坚守理想,践行初心、担当使命,不怕牺牲、英勇斗争,对党忠诚、不负人民"的伟大建党精神及其百年历史进程中形成的一系列伟大精神,就集中彰显了中国共产党的先进性。伟大建党精神实际上多方面揭示和回答了中国共产党是一个什么样的政党这个基本问题。党的先锋队性质

---

1. 习近平:《在基层代表座谈会上的讲话》,北京:人民出版社,2020年版,第6页。
2. 习近平:《习近平谈治国理政》第二卷,北京:外文出版社,2017年版,第40页。
3. 习近平:《习近平谈治国理政》第一卷,北京:外文出版社,2018年版,第28页。

决定了党在精神意志上的先进性,而党培育和形成的伟大精神又不断锤炼着党的先锋队性质,推动党不断发展壮大。

## 二、集中展现了中国共产党的鲜明政治品格

政治性是政党的首要的基本特性。政党的政治生命和政治品格,主要通过政治信仰、政治目标、政治立场、政治利益、政治风格、政治纪律等表现出来。与党的先进性相适应,中国共产党是一个有着鲜明政治品格的政党,这一点在伟大建党精神中得到了充分体现。

中国共产党在百年历史进程中,锤炼出极为丰富而鲜明的政治品格,其中主要有以下几个方面:

### 1. 具有崇高的理想信念

中国共产党是有明确而坚定理想信念的政党。《中共中央关于党的百年奋斗重大成就和历史经验的决议》(以下简称《决议》)指出:"马克思主义信仰、共产主义远大理想、中国特色社会主义共同理想,是中国共产党人的精神支柱和政治灵魂,也是保持党的团结统一的思想基础。"[1] 我们党从诞生那一天起,就鲜明地把马克思主义写在自己的旗帜上,坚定不移地朝着共产主义远大理想而奋斗,一代又一代共产党人坚守理想信念,抛头颅,洒热血,不懈奋斗。

党的十八大以来,习近平总书记反复强调,理想信念是共产党人精神上的"钙",共产党人如果没有理想信念,精神上就会"缺钙",就会得"软骨病",必然导致政治上变质、经济上贪婪、道德上堕落、生活上腐化。为此,我们党切实加强思想建党和制度治党,"教育引导广大党员、干部特别是领导干部从思想上正本清源、固本培元,筑牢信仰之基、补足精神之钙、把稳思想之

---

1.《中共中央关于党的百年奋斗重大成就和历史经验的决议》,北京:人民出版社,2021年版,第31页。

舵，保持共产党人政治本色，挺起共产党人的精神脊梁"[1]。"党要求各级领导干部解决好世界观、人生观、价值观这个'总开关'问题，珍惜权力、管好权力、慎用权力，自觉接受各方面监督，时刻想着为党分忧、为国奉献、为民造福。"[2] 中国特色社会主义进入新时代，广大党员、干部的政治信仰、理想信念越来越坚定鲜明，作风也越来越清朗平正。

2. 具有严明的政治规矩

中国共产党是一个有着严明政治规矩、政治纪律的政党。没有规矩不成方圆。党要实现自己的崇高理想目标，完成艰难繁重的使命任务，团结凝聚广大党员和人民群众，战胜险恶的敌人和种种困难，必须有严明的政治规矩。讲政治是共产党人的立身之本，是第一位的要求，也是马克思主义政党的突出特点和优势。

政治规矩包括政治信仰、政治方向、政治立场、政治领导、政治路线、政治纪律、政治生活、政治生态等内容，其中具体表现在四个方面：全党必须遵循的总章程，这是总规矩；党的政治、组织、作风、生活等方面必须遵守的纪律约束；党员、干部必须遵守的国家法律；党在长期实践中形成的优良传统和工作惯例。在所有党的政治纪律和规矩中，第一位的是政治纪律和政治规矩，就是要坚持党的领导，坚持党中央权威和集中统一领导。这是我们党的最高政治原则。

讲政治规矩、政治纪律，就是要维护党中央权威、维护全党的团结统一、强化党的纪律性和纪律的约束力，净化党的政治生态，弘扬党的精神血脉和优良传统。在党的建设总体布局中，党的政治建设是首位的，是统领，是根本。党的政治立场、政治方向、政治路线、政治纪律、政治生态建设好了，党的政治能力提高了，就能不断凝聚全党力量。

---

1.《中共中央关于党的百年奋斗重大成就和历史经验的决议》，北京：人民出版社，2021年版，第31页。

2.《中共中央关于党的百年奋斗重大成就和历史经验的决议》，北京：人民出版社，2021年版，第32页。

因此,我们要按照习近平总书记的要求,自觉增强政治意识,善于把握政治方向,全面加强政治领导,切实防范政治风险,永葆政治本色,不断提高政治判断力、政治领悟力、政治执行力。

3. 具有无畏的求真勇气

中国共产党是一个勇于坚持真理、修正错误的政党。实事求是是我们党的思想路线。追求真理、坚持真理是党成长发展和事业取得成功的根本前提。

真理是具体的,有适用的对象和范围,而且是随着客观条件变化而发展的,这就需要坚持实事求是、解放思想,坚持一切从实际出发,不断推进马克思主义真理的中国化时代化。坚持实事求是、坚持真理始终是中国共产党人认识世界和改造世界的根本要求。共产党人不信邪不信鬼、不唯书不唯上,勇于求真求实。毛泽东同志在《反对党八股》中指出,中国共产党人"是靠马克思列宁主义的真理吃饭,靠实事求是吃饭,靠科学吃饭"[1]。我们党坚持真理、追求真理更是表现在勇于承认失误和修正错误方面。要认识和把握真理,要创造和成就事业,不可能一帆风顺,也不可能不犯错误。真理往往通过纠正错误来取得。中国共产党的伟大不在于不犯错误,而在于从不讳疾忌医,敢于直面问题,勇于坚持真理、修正错误。在错误面前,一个政党抱有什么样的态度,是检验一个政党品格的重要"试金石"。中国共产党在领导人民取得革命、建设、改革伟大成就的同时,也经历过失误和曲折。但是,党能够正视自身的问题,勇于坚持真理、修正错误,不断战胜自我、超越自我,领导人民继续前进。中国共产党具有无私无畏的真理勇气,具有极强的自我修复能力。

始终坚持马克思主义真理、坚持实事求是、坚持自我修正错误,这是中国共产党最鲜明的政治品格之一,也是中国共产党经得起各种风浪考验的重要力量源泉。

---

1.《毛泽东选集》第三卷,北京:人民出版社,1991年版,第836页。

#### 4. 具有崇高的为民宗旨

中国共产党是一个坚持人民至上、全心全意为人民服务的政党。一个政党是什么、要干什么、为了谁是反映政党本质的根本性问题，也是政党鲜明的政治品质之所在。

作为马克思主义先进政党，中国共产党公然申明人民至上是自己最基本的价值观和根本立场。为人民谋利益、增进民生福祉，是我们坚持立党为公、执政为民的本质要求。党只代表人民的根本利益，而没有自己的特殊利益；党的初心使命就是为中国人民谋幸福、为中华民族谋复兴；党为人民打江山、守江山、执政兴国；党的生命和力量来自人民；党的一切工作的出发点和落脚点都是为了让老百姓过上好日子。

习近平总书记指出，人民对美好生活的向往就是我们的奋斗目标。中国共产党百年奋斗的历程充分彰显了人民至上的政治品质。中国共产党人坚守理想信念，坚持科学真理，敢于自我革命，勇于修正错误，不怕牺牲奉献，坚定斗争意志，不懈拼搏奋斗等政治品格，都是同党坚持人民至上的根本立场和全心全意为人民服务的性质宗旨紧紧联系在一起的。

#### 5. 具有顽强的斗争意志

中国共产党是一个不惧任何艰难困苦、勇于奋斗、敢于斗争、敢于胜利的政党。我们党肩负着实现中华民族复兴和为中国人民谋幸福的初心使命，诞生于国家内忧外患和民族危难之时，艰难困苦的环境锤炼出党的坚强斗争意志。百年征途，党就是在斗争中求得生存、获得发展、赢得胜利的。

中国革命、建设、改革事业，从来都不是一帆风顺的，而总会遇到党内和党外、国内和国际、社会和自然界的种种艰难险阻。党和人民的事业也从来都是在斗争中取得胜利的。习近平总书记指出："一百年来，在应对各种困难挑战中，我们党锤炼了不畏强敌、不惧风险、敢于斗争、勇于胜利的风骨和品质。"[1] 党的百年奋斗，磨炼出了中国共产党人不惧风险、敢于斗争、敢于胜

---

1. 习近平：《在党史学习教育动员大会上的讲话》，北京：人民出版社，2021年版，第19页。

利的风骨和品质。这种风骨和品质，成为党鲜明的特质。中国共产党人以敢于牺牲、积极奉献的斗争精神，赢得了中华民族从站起来到富起来，再到强起来的伟大胜利。

中国共产党以奋斗铸就历史，也必将以新的奋斗创造未来。在中华民族伟大复兴的前进道路上，难免会出现各种可以预测和不可预测的风险挑战，但我们党是具有长期丰富斗争实践经验的大党，具有抵御各种风险、驾驭各种复杂局面的能力。只要我们敢于斗争、善于斗争，不断提高斗争本领，就能战胜任何风险挑战，取得新的胜利。

6. 具有不懈的自我革命精神

中国共产党是一个勇于自我革命的政党。这是党彻底革命性和强大生机的生动体现。马克思主义政党的先进性和纯洁性不是天生的，也不是一劳永逸的，而是在不断自我革命中淬炼而成的。

中国共产党的彻底革命性不仅体现在勇于推进伟大的社会革命，更体现在勇于进行自我革命上，而且能自觉地以持续不断的自我革命引领社会革命。这种勇于自我革命的精神铸就了中国共产党区别于其他政党的鲜明品格，构成了我们党的最大优势，是我们党永葆青春活力的强大支撑，也是我们党防止和跳出治乱兴衰周期率的根本途径。习近平总书记指出："我们党为什么能够在现代中国各种政治力量的反复较量中脱颖而出？为什么能够始终走在时代前列、成为中国人民和中华民族的主心骨？根本原因在于我们党始终保持了自我革命精神，保持了承认并改正错误的勇气，一次次拿起手术刀来革除自身的病症，一次次靠自己解决了自身问题。这种能力既是我们党区别于世界上其他政党的显著标志，也是我们党长盛不衰的重要原因所在。"[1] 党的百年奋斗史，也是党不断同变质、变色、变味风险作斗争的历史，是不断防范被瓦解、被弱化、被腐化危险的历史。

在党的整个历史进程中，我们党始终发扬自我革命精神，既不断自我学

---

1. 习近平：《论坚持全面深化改革》，北京：中央文献出版社，2018年版，第326页。

习思考、不断探索创新、不断自我净化、不断自我完善、不断自我提高，又敢于正视、反思、改正自身缺点，善于总结经验教训，从而始终保持党的先进性纯洁性，始终走在时代发展前列。比如，全面加强党的政治、思想、组织、作风、纪律、制度等自身"伟大工程"建设，坚持民主集中制、开展学习教育活动、加强党性修养、弘扬积极进取精神、严肃党内政治生活、开展批评和自我批评、整顿党风党纪、反腐倡廉、纯洁党的组织肌体等举措，积累了大量有效而丰富的自我革命经验。

党的十八大以来，针对一个时期以来党内存在的管党不力、治党不严、思想不纯、政治不纯、组织不纯、作风不纯等突出问题，以习近平同志为核心的党中央坚持全面从严治党，坚持刀刃向内，勇于刮骨疗毒、去腐生肌，以顽强的意志品质正风肃纪、反腐惩恶，锲而不舍地进行自我革命，使党风政风得到根本好转，为党和国家事业发展提供了坚强的政治保证。实践一再证明，自我革命是我们党永葆先进性纯洁性、永葆生机活力的根本动力和重要法宝。

7. 具有坚定的忠诚担当

中国共产党是一个具有高尚品德、对事业对人民无限忠诚和勇于担当的政党，广大党员是对党对人民忠诚干净担当的先进分子。

中国共产党是马克思主义先进政党，是中国工人阶级的先锋队，同时是中国人民和中华民族的先锋队，肩负着带领中国人民实现中华民族伟大复兴、全面推进中国特色社会主义现代化建设和构建人类命运共同体的崇高使命。党始终不渝地忠诚于自己的信仰信念、忠诚于中华民族伟大复兴的初心使命、忠诚于国家和人民事业、忠诚于人类进步事业，并为此无私无畏地承担起历史责任，坚持不懈地英勇奋斗。

党要承担起如此崇高的历史使命，团结带领人民完成不同历史阶段的繁重任务，始终成为中华民族的脊梁和主心骨，始终发挥总揽全局、协调各方的领导核心作用，同样要求广大党员必须忠于组织、忠于人民、忠于自己承诺的信念和责任，做一名党性原则强、忠诚担当的优秀共产党员。坚持党性原则、忠诚干净担当是党组织对党员政治品格的最根本要求。[1]这些要求具体包括：要坚守正确的政治方向，坚守革命理想信念，坚持党的基本理论、基本路线、基本方略，自觉在思想上政治上行动上同党中央保持高度一致[2]，在政治上过硬；要坚持党的原则第一、党的事业第一、人民利益第一，在党言党、在党忧党、在党为党，把爱党、忧党、兴党、护党落实到工作各个环节[3]，在党性上过硬；要遵纪守法，严以修身、严以用权、严以律己，在廉洁自律上过硬；要求真务实，真抓实干，务实求变、务实求新、务实求进，踏石留印，抓铁有痕，谋事要实、创业要实、做人要实[4]，以钉钉子精神抓好工作落实[5]，在工作作风上过硬；要不断增强干事创业敢担当的本领，保持只争朝夕、奋发有为的奋斗姿态和越是艰险越向前的斗争精神[6]，在本领和精神状态上过硬。"这些要求是共产党人最基本的政治品格和做人准则，也是党员、干部的修身之本、为政之道、成事之要。"[7]忠诚干净担当，就是我们党对事业和人民始终如一的坚守，忠贞不渝地奋斗和奉献，也是对党员党性原则的基本要求。正因为如此，习近平总书记反复强调指出，党员和领导干部要自觉"锤炼忠诚干

---

1. 习近平：《习近平谈治国理政》第二卷，北京：外文出版社，2017年版，第403页。
2. 《巩固党和国家机构改革成果 推进国家治理体系和治理能力现代化》，《人民日报》2019年7月6日，第1版。
3. 习近平：《习近平谈治国理政》第二卷，北京：外文出版社，2017年版，第403页。
4. 习近平：《在党的群众路线教育实践活动总结大会上的讲话》，北京：人民出版社，2014年版，第23页。
5. 习近平：《习近平谈治国理政》第三卷，北京：外文出版社，2020年版，第107页。
6. 《巩固党和国家机构改革成果 推进国家治理体系和治理能力现代化》，《人民日报》2019年7月6日，第1版。
7. 习近平：《在党的群众路线教育实践活动总结大会上的讲话》，北京：人民出版社，2014年版，第23页。

净担当的政治品格"[1]。

党的十九届六中全会《决议》站在党和人民事业发展需要一代代中国共产党人接续奋斗，必须抓好后继有人这个根本大计高度，明确指出，我们"要源源不断培养选拔德才兼备、忠诚干净担当的高素质专业化干部特别是优秀年轻干部，教育引导广大党员、干部自觉做习近平新时代中国特色社会主义思想的坚定信仰者和忠实实践者，牢记空谈误国、实干兴邦的道理，树立不负人民的家国情怀、追求崇高的思想境界、增强过硬的担当本领"[2]。

8. 具有宽阔的天下胸怀

中国共产党是一个具有世界视野、胸怀天下、为人类进步事业而奋斗的政党。中华民族创造了世界上古老灿烂的文明，中国是世界上举足轻重的大国，中国共产党是马克思主义先进政党。

"大道之行，天下为公。"党从成立那天起，就把中华民族的复兴事业、中国人民的前途命运和党的历史使命与人类进步事业紧紧联系在一起。中国共产党在致力于中国人民事业的同时，"始终以世界眼光关注人类前途命运，从人类发展大潮流、世界变化大格局、中国发展大历史正确认识和处理同外部世界的关系，坚持开放、不搞封闭，坚持互利共赢、不搞零和博弈，坚持主持公道、伸张正义，站在历史正确的一边，站在人类进步的一边"[3]。

中国发展彰显大国责任和大国风范，中国共产党既有深厚的家国情怀，又有博大的人类胸襟。正如党十九届六中全会《决议》指出："一百年来，党既为中国人民谋幸福、为中华民族谋复兴，也为人类谋进步、为世界谋大同，

---

1. 习近平：《习近平谈治国理政》第三卷，北京：外文出版社，2020年版，第107页。
2. 《中共中央关于党的百年奋斗重大成就和历史经验的决议》，北京：人民出版社，2021年版，第74页。
3. 《中共中央关于党的百年奋斗重大成就和历史经验的决议》，北京：人民出版社，2021年版，第68页。

以自强不息的奋斗深刻改变了世界发展的趋势和格局。"[1]中国共产党从来是宽阔而不是狭窄、开放而不是封闭地对待自己的使命责任和中华民族复兴大业的。我们始终立足中国、放眼世界，坚持国际主义，维护人类正义和进步事业。

党的十八大以来，习近平总书记创造性地提出了构建人类命运共同体思想和共建"一带一路"倡议，成为中国引领时代潮流和人类文明进步方向的鲜明旗帜，为应对全球共同挑战，"建设持久和平、普遍安全、共同繁荣、开放包容、清洁美丽的世界贡献了中国智慧、中国方案、中国力量，成为推动人类发展进步的重要力量"[2]。

中国共产党是马克思主义先进政党，是一个走过百年艰难历程、创造辉煌历史成就、积累丰富历史经验、锤炼鲜明政治品格、正领导着14亿多人口的大国、具有重大全球影响力的世界第一大执政党。一百年前，中国共产党的先驱们创建了伟大的中国共产党，形成了"坚持真理、坚守理想，践行初心、担当使命，不怕牺牲、英勇斗争，对党忠诚、不负人民"的伟大建党精神。伟大建党精神是中国共产党的精神之源，也是中国共产党人鲜明的政治品格和精神风骨。中国共产党鲜明而优秀的政治品格既蕴含着伟大建党精神，从伟大建党精神中汲取丰润的母乳营养，又彰显着伟大建党精神。党的政治品格、伟大建党精神和党的历史经验一起，共同铸就党的百年辉煌历史，共同回答我们党"是什么、要干什么""从哪里来、到哪里去"的根本问题，共同锤炼出走在时代前列的先锋队性质，共同昭示中国共产党是伟大光荣的党。进入新时代，在以习近平同志为核心的党中央坚强领导下，中国共产党正团结带领中国人民在中国特色社会主义道路上走向不可逆转的中华民族的伟大复兴。

---

1.《中共中央关于党的百年奋斗重大成就和历史经验的决议》，北京：人民出版社，2021年版，第64页。
2.《中共中央关于党的百年奋斗重大成就和历史经验的决议》，北京：人民出版社，2021年版，第64页。

## 三、集中凝练了中国共产党的历史经验

中国共产党的百年奋斗史，铸就了气势磅礴的党的"精神长城"。我们党的伟大精神的形成和发展过程，实际上是党的全部历史活动的精神脉络的展现，也可以说是从内在精神层面高度凝练了中国共产党的百年历史进程及基本经验。历史是一个多维度、多领域的整体性的时空展延过程。任何宏阔伟大的历史实践活动，必然也是一个孕育和形成伟大精神文化的过程。中国共产党的精神发展与党的历史实践是相互生成、相互推动的，并统一于实现中华民族伟大复兴的历史实践活动之中。

2021年2月20日，党中央召开了党史学习教育动员大会，习近平总书记出席会议并发表了重要讲话。他强调指出，"我们党的一百年，是矢志践行初心使命的一百年，是筚路蓝缕奠基立业的一百年，是创造辉煌开辟未来的一百年"[1]。

中国共产党是在马克思主义理论指导下诞生和成长的，马克思主义真理是我们党的思想灵魂。中国共产党的奋斗史，也就是追求和实现马克思主义真理的奋斗史。正如习近平总书记指出的："我们党的历史，就是一部不断推进马克思主义中国化的历史，就是一部不断推进理论创新、进行理论创造的历史。"[2]一百年来，我们党坚持解放思想和实事求是相统一、培元固本和守正创新相统一，不断开辟马克思主义新境界，创立了毛泽东思想、邓小平理论，形成了"三个代表"重要思想、科学发展观，创立了习近平新时代中国特色社会主义思想，为党和人民事业发展提供了科学理论指导。

我们要从"党的非凡历程中领会马克思主义是如何深刻改变中国、改变世界的，感悟马克思主义的真理力量和实践力量，深化对中国化马克思主义

---

1. 习近平：《在党史学习教育动员大会上的讲话》，北京：人民出版社，2021年版，第5页。
2. 习近平：《在党史学习教育动员大会上的讲话》，北京：人民出版社，2021年版，第12页。

既一脉相承又与时俱进的理论品质的认识,特别是要结合党的十八大以来党和国家事业取得历史性成就、发生历史性变革的进程,深刻学习领会新时代党的创新理论,坚持不懈用党的创新理论最新成果武装头脑、指导实践、推动工作"[1]。在百年的奋斗中,我们党始终坚持马克思主义科学真理,坚守马克思主义信仰,坚持以马克思主义基本原理分析把握历史发展大势和时代课题,不断推进马克思主义中国化时代化,不断开创党和人民事业的新局面。党的十九届六中全会《决议》指出:"一百年来,党坚持把马克思主义写在自己的旗帜上,不断推进马克思主义中国化时代化,用博大胸怀吸收人类创造的一切优秀文明成果,用马克思主义中国化的科学理论引领伟大实践。马克思主义的科学性和真理性在中国得到充分检验,马克思主义的人民性和实践性在中国得到充分贯彻,马克思主义的开放性和时代性在中国得到充分彰显。"[2]

中国共产党是无产阶级先锋队,是中国人民和中华民族的先锋队,是全心全意为中国人民谋幸福、为中华民族谋复兴的马克思主义先进政党。习近平总书记指出,"我们党的百年历史,就是一部践行党的初心使命的历史,就是一部党与人民心连心、同呼吸、共命运的历史……历史充分证明,江山就是人民,人民就是江山,人心向背关系党的生死存亡。赢得人民信任,得到人民支持,党就能够克服任何困难,就能够无往而不胜"[3]。我们党始终坚持全心全意为人民服务的性质宗旨,坚持为人民谋幸福、为中华民族谋复兴的初心使命,"坚持一切为了人民、一切依靠人民,始终把人民放在心中最高位置、把人民对美好生活的向往作为奋斗目标,推动改革发展成果更多更公

---

1. 习近平:《在党史学习教育动员大会上的讲话》,北京:人民出版社,2021年版,第12—13页。
2. 《中共中央关于党的百年奋斗重大成就和历史经验的决议》,北京:人民出版社,2021年版,第63页。
3. 习近平:《在党史学习教育动员大会上的讲话》,北京:人民出版社,2021年版,第15页。

平惠及全体人民,推动共同富裕取得更为明显的实质性进展,把14亿中国人民凝聚成推动中华民族伟大复兴的磅礴力量"[1]。中国共产党的成功,归根结底在于党为人民利益而奋斗。党的性质宗旨、初心使命决定了党的全部活动一切以人民利益为根本。我们党清醒地认识到,党来自人民,党的根基在人民,党的生命在人民,党的力量也在人民。我们党的百年历史,就是坚守初心使命、一切为了人民利益而不懈奋斗的历史。

中国共产党要实现自己的理想信念和中华民族的伟大复兴,绝不可能是轻而易举的。党的百年奋斗史,就是一部排除千难万险、战胜各种风险挑战的历史。纵观人类近代政党发展史,中国共产党在前进过程中所遇到的艰难险阻,可以说是世界上任何政党都无法比拟的。中国共产党是在苦难中诞生、在斗争中成长、在奋斗中壮大的。在革命战争年代的残酷环境中,党就是在与强大敌人的长期斗争中成长壮大的。在社会主义革命和建设时期,党带领人民克服和战胜了诸多重大挑战,使社会主义制度得到确立和巩固,党和国家各项事业取得重大成就。在改革开放新时期,党成功应对社会矛盾多发频发和世界社会主义出现严重曲折的挑战,使国家和人民事业实现了新的重大发展。"党的十八大以来,面对波谲云诡的国际形势、复杂敏感的周边环境、艰巨繁重的改革发展稳定任务,党统筹发展和安全,贯彻总体国家安全观,领导人民有效应对重大挑战、抵御重大风险、克服重大阻力、解决重大矛盾,在危机中育先机、于变局中开新局。推进供给侧结构性改革化解经济风险,果断应对美国单方面挑起的中美经贸摩擦,取得抗击新冠肺炎疫情斗争重大战略成果,采取一系列重大措施一举扭转香港乱局、实现重大转折,保持了经济持续健康发展和社会大局稳定。"[2]因此,中国共产党是一个经受过无数风浪考验、战胜过无数困难和敌人的政党,具有不怕牺牲、勇

---

1. 习近平:《在党史学习教育动员大会上的讲话》,北京:人民出版社,2021年版,第16页。
2. 中共中央宣传部:《中国共产党的历史使命与行动价值》,《人民日报》2021年8月27日,第1版。

于奉献、敢于斗争、一往无前的精神气概。

在经历血与火的岁月中,中国共产党锻造了坚贞不屈的信仰和意志,在战胜艰难险阻中,中国共产党淬炼了勇往直前的品质和风骨。也正因为如此,中国共产党始终能保持忧患意识,居安思危,时刻牢记"安而不忘危,存而不忘亡,治而不忘乱"的道理。"对于危及党的执政地位、国家政权稳定,危害国家核心利益,危害人民根本利益,有可能打断中华民族复兴进程的重大风险挑战,党毫不犹豫、断然出手,坚决斗争、坚决胜利。"[1] 习近平总书记指出:"中华民族伟大复兴,绝不是轻轻松松、敲锣打鼓就能实现的,实现伟大梦想必须进行伟大斗争。在前进道路上我们面临的风险考验只会越来越复杂,甚至会遇到难以想象的惊涛骇浪。我们面临的各种斗争不是短期的而是长期的,至少要伴随我们实现第二个百年奋斗目标全过程。"[2] 中国共产党经过百年锤炼,具有长期丰富斗争的实践经验和抵御各种风险、驾驭各种复杂局面的能力。习近平总书记指出,我们党一步步走过来,很重要的一条经验,就是能不断自我总结,不断提高应对风险、迎接挑战、化险为夷的能力水平。今后,我们要更好地应对前进道路上各种可以预见和难以预见的风险挑战,必须从历史经验中提炼出克敌制胜的法宝。

党十九届六中全会《决议》指出:"一百年来,党领导人民进行伟大奋斗,在进取中突破,于挫折中奋起,从总结中提高,积累了宝贵的历史经验。"[3]《决议》从坚持党的领导、坚持人民至上、坚持理论创新、坚持独立自主、坚持中国道路、坚持胸怀天下、坚持开拓创新、坚持敢于斗争、坚持统一战线、坚持自我革命等十个方面,系统而深刻地总结了党的历史经验。显而易见,中国

---

1. 中共中央宣传部:《中国共产党的历史使命与行动价值》,《人民日报》2021年8月27日,第1版。
2. 《发扬斗争精神增强斗争本领 为实现"两个一百年"奋斗目标而顽强奋斗》,《人民日报》2019年9月4日,第1版。
3. 《中共中央关于党的百年奋斗重大成就和历史经验的决议》,北京:人民出版社,2021年版,第65页。

共产党的这十大历史经验彰显了伟大建党精神，同样地，伟大建党精神也展现了党的历史经验。

从一定意义上讲，伟大建党精神在精神层面集中反映了党的历史进程，彰显了党的历史成就，概括了党的历史经验。伟大建党精神是我们党整个历史进程、历史成就、历史经验的高度概括，更是我们党百年奋斗征程的精神标识。伟大建党精神诞生于我们党创建之初，是党的精神之源。在长期奋斗实践中不断发展的伟大建党精神，是党的历史实践成就的凝结和升华，也是党的历史实践的内在依据和动力。

## 四、集中诠释了中国共产党人精神谱系的共同特质

马克思主义认为，历史从哪里开始，反映这个历史进程的思想精神史也应从哪里开始。人类历史发展是以不同方式创造物质文明和精神文明的过程，尤其是在新理想、新理念和新目标指引下开辟历史发展新进程的伟大实践活动，更是形成和谱写新思想、新精神、新文化的一种自觉的历史活动。

一百年来，中国共产党领导中国人民拼搏奋斗，"在中国大地不仅建筑起遍地林立的高楼大厦，而且铸造了巍然耸立的中华民族精神大厦"[1]。中国共产党的成立及其百年历史征程，是团结带领中国人民深刻改变了近代以后中华民族发展方向和进程，深刻改变了中国人民和中华民族的前途和命运，深刻改变了世界发展的趋势和格局的历史过程。这"三个深刻改变"，既是物化形态上的改变，更是思想理论、精神文化形态上的改变。毛泽东同志提出，"自从有了中国共产党，中国革命的面目就焕然一新了"[2]。"自从中国人学会了马克思列宁主义以后，中国人在精神上就由被动转入主动。从这时起，近代世界历史上那种看不起中国人，看不起中国文化的时代应当完结

---

1. 中共中央宣传部：《中国共产党的历史使命与行动价值》，《人民日报》2021年8月27日，第1版。
2. 《毛泽东选集》第四卷，北京：人民出版社，1991年版，第1357页。

了。"[1]这个"焕然一新"和"精神上就由被动转入主动",十分重要的内涵就是中国共产党人坚守的由马克思主义指引的革命理想和革命奋斗精神。

以"坚持真理、坚守理想,践行初心、担当使命,不怕牺牲、英勇斗争,对党忠诚、不负人民"为内涵的伟大建党精神,是在早期中国共产党人继承中华民族优秀传统文化、传播马克思主义和寻找救国救民道路的探索奋斗中萌发,在马克思主义同中国工人运动、中国国情相结合的历史进程中形成,在中国共产党人团结带领人民进行革命、建设、改革的实践中丰富发展的。进入全面建设中国特色社会主义事业新时代,伟大建党精神实现了全面提升,展现出新的时代风貌,焕发出新的时代力量。中国共产党的百年历史,是艰苦卓绝的奋斗史,也是谱写伟大建党精神的历史。

伟大建党精神在中国共产党的精神发展史上具有开创性和奠基性,是中国共产党的精神之源和血脉根基,并贯穿在党的全部历史活动之中。中国共产党人一路走来,大力弘扬伟大建党精神,顽强拼搏、不懈奋斗,涌现了一大批视死如归的革命烈士、一大批顽强奋斗的英雄人物、一大批忘我奉献的先进模范,形成了一系列伟大精神,构建起中国共产党人丰富多彩的精神谱系,锻造出中国共产党人鲜明的思想品德和精神风骨。我们党始终高扬自己从一开始就培育起来的伟大建党精神,而且在不同历史时期围绕完成不同的历史任务,形成了一系列红色精神。比如,党的井冈山精神、长征精神、遵义会议精神、延安精神、伟大抗战精神、西柏坡精神、抗美援朝精神、雷锋精神、"两弹一星"精神、改革开放精神、抗洪精神、抗震救灾精神、抗疫精神、脱贫攻坚精神等,构建起了中国共产党人蔚为壮观的精神谱系。

伟大建党精神是中国共产党人精神谱系的源头,也是百年征程精神谱系的核心内容,各个历史时期形成的具体的精神都是伟大建党精神的生动体现,也是伟大建党精神的丰富和发展。我们党在各个不同历史时期形成的具体的精神,虽然内容和表现形式不尽相同,但其精神实质是相通的、一致的。伟大建党精神与各个时期形成的具体精神是共性与个性、普遍与特

---

1.《毛泽东选集》第四卷,北京:人民出版社,1991年版,第1516页。

殊的辩证统一关系。伟大建党精神是中国共产党人整个精神谱系的根脉和灵魂，高度凝练了中国共产党人精神谱系的本质内容和共性特点，是中国共产党人宝贵的精神财富，不断激励中国共产党人为实现自己崇高的初心使命去拼搏奋斗、砥砺前行。

伟大建党精神继承弘扬了中华民族优秀传统文化，深深融入中华民族的血脉之中，使中国人民的精神面貌发生了巨大变化，为中华民族伟大复兴提供了更持久、更深沉、更具创造力的强大精神支撑。伟大建党精神集中体现了中华民族和中国人民坚强不屈的奋斗精神。顽强的奋斗精神是中华民族和中国人民的优秀品质，更是中国共产党人鲜明的优秀品质。中国共产党的百年发展史，就是在马克思主义指引下，坚定信念、勇于探索、百折不挠、顽强不屈的不懈奋斗史。在奋斗行动中淬炼奋斗精神，用奋斗精神激励奋斗行动，是中国共产党人书写百年恢宏史诗的成功密码，也是我们实现中华民族伟大复兴梦想的胜利之本。

习近平总书记指出，在一百年的非凡奋斗历程中，一代又一代中国共产党人顽强拼搏、不懈奋斗，涌现了一大批视死如归的革命烈士、一大批顽强奋斗的英雄人物、一大批忘我奉献的先进模范，形成了一系列伟大精神，构筑起了中国共产党人的精神谱系，为我们立党兴党强党提供了丰厚滋养。要教育引导全党大力发扬红色传统、传承红色基因，赓续共产党人精神血脉，始终保持革命者的大无畏奋斗精神，鼓起迈进新征程、奋进新时代的精气神。[1] 伟大建党精神是贯穿中国共产党精神谱系中的一条主线，高度概括和凝练了党在整个历史进程中所形成的各种具体精神，深刻揭示了中国共产党人红色精神血脉和精神谱系的传承发展。在伟大建党实践和百年奋斗实践中形成并弘扬的伟大建党精神，不但构成了中国共产党和中华民族百年来整个历史进程的重要组成部分，而且开创了把传承中华民族优秀传统文化、中华民族精神提升到了新的时代高度的历史新阶段。伟大建党精神

---

1. 参见习近平：《在党史学习教育动员大会上的讲话》，北京：人民出版社，2021年版，第19—21页。

是中国共产党人全部精神宝库中的主导性内容，也是百年来中华民族精神、当代中国精神的主干和灵魂。全面领悟和把握这种关系，对不断加强和改进党的建设、开创中华民族更加美好的未来，都具有重大的现实指导意义。

## 五、深刻揭示了中国共产党走在时代前列的重要逻辑

中国共产党要推进和实现自己的理想信念、初心使命，要始终成为在革命、建设、改革和新时代中国特色社会主义发展历史进程中的坚强领导核心，就必须自觉地加强党的自身建设，保持党的先进性和纯洁性，保持党的生命力和青春活力，经受住各种风险考验，始终走在时代前列，引领时代发展。

中国共产党要始终走在时代前列，必须坚持党的集中统一和全面领导，这是党的生命和党的根本原则。中国共产党是有严明政治规矩、政治纪律的政党。在新的历史条件下，我们要不断提高政治判断力、政治领悟力和政治执行力，不断增强拥护"两个确立"的自觉性，坚持党的基本理论、基本路线、基本方略，增强"四个意识"、坚定"四个自信"、做到"两个维护"，确保党始终成为我国各项事业的坚强领导核心。

中国共产党要始终走在时代前列，必须坚持马克思主义的指导思想，坚持用马克思主义的立场、观点、方法观察时代、把握时代、引领时代，不断推进马克思主义中国化时代化，不断用党的创新理论成果指导新的实践发展。"马克思主义的科学性和真理性在中国得到充分检验，马克思主义的人民性和实践性在中国得到充分贯彻，马克思主义的开放性和时代性在中国得到充分彰显。"[1] 在新时代征程中，我们要坚定不移地学习贯彻习近平新时代中国特色社会主义思想，确保我们党在指导思想上的统一性和先进性。

中国共产党要始终走在时代前列，必须坚持党的性质宗旨、初心使命，

---

1.《中共中央关于党的百年奋斗重大成就和历史经验的决议》，北京：人民出版社，2021年版，第63页。

坚守人民立场，坚持人民主体地位，维护人民根本利益，永远保持同人民群众的血肉联系。要结合时代发展实践，不断深化对共产党执政规律、社会主义建设规律、人类社会发展规律的认识，坚定不移地"践行以人民为中心的发展思想，维护社会公平正义，着力解决发展不平衡不充分问题和人民群众急难愁盼问题，不断实现好、维护好、发展好最广大人民根本利益，团结带领全国各族人民不断为美好生活而奋斗"[1]，确保我们党始终是中国人民、中华民族的主心骨。

中国共产党要始终走在时代前列，必须不断推进党的自我革命，用党的自我革命引领社会革命。勇于自我革命是中国共产党区别于其他政党的显著标志，是党永葆青春活力的强大支撑，是党跳出治乱兴衰历史周期率的一个根本路径。习近平总书记指出："党的百年历史，也是我们党不断保持党的先进性和纯洁性、不断防范被瓦解、被腐化的危险的历史。"[2]任何时候，我们党都面临党内外、国内外"四大考验""四种危险"，都存在着损害党的先进性和纯洁性的种种消极因素，尤其是存在着侵蚀党的健康肌体的各种病毒。如何确保党永不变质、永不变色、永不变味？从根本上讲，要教育引导全党通过总结历史经验教训，着眼于解决党的建设的现实问题，不断提高党的领导水平和执政水平，不断增强拒腐防变和抵御风险的能力，同时，要敢于刀刃向内，敢于壮士断腕，敢于清除肌体上的毒瘤。实践反复证明，只有全面从严治党，不断通过党内的自我革命、自我净化、自我完善、自我革新、自我提高，才能使党自身始终坚强过硬，不断增强党的政治领导力、思想引领力、群众组织力、社会号召力，确保我们党永葆旺盛生命力和强大战斗力，始终成为时代先锋、民族脊梁，始终成为受人民拥护爱戴的马克思主义执政党。

中国共产党要始终走在时代前列，必须要有强大的精神力量。人无精

---

1. 《中共中央关于党的百年奋斗重大成就和历史经验的决议》，北京：人民出版社，2021年版，第73页。
2. 习近平：《在党史学习教育动员大会上的讲话》，北京：人民出版社，2021年版，第18页。

神不立。要成就一番大事业就必须要有强大的精神支撑。中国共产党的一个重要政治品质和优势,就是具有坚定的理想信念、顽强的精神意志和优良的革命传统。正如习近平总书记指出:"我们党之所以历经百年而风华正茂、饱经磨难而生生不息,就是凭着那么一股革命加拼命的强大精神。"[1]

伟大建党精神是我们党整个历史实践的生动写照,或者说是以精神血脉、精神形态表现出来的党的历史。用伟大建党精神武装起来的中国共产党,是任何敌人都战胜不了的,是任何困难都压不垮的。我们党具有无坚不摧、无往不胜的英勇气概,有着气吞山河、战无不胜的大无畏革命精神。这种强大的革命精神是激励我们党战胜一切困难、始终走在时代前列的力量源泉,为我们立党兴党强党提供了丰富滋养,无论过去、现在还是未来,都是我们党加强和改进自身建设的有力武器。一百年来,"党没有躺在功劳簿上沉湎过去,没有因为取得的成绩松弛懈怠,没有在喝彩声、赞扬声中丧失斗志,始终保持了昂扬奋进的精神状态"[2]。在风起云涌的历史实践中,我们党孕育淬炼了伟大建党精神,而伟大建党精神又培育激励了一代又一代共产党人的奋斗实践。继承和弘扬党的伟大建党精神,不懈奋斗进取,我们党必将永葆旺盛斗志和蓬勃朝气,始终走在时代前列,创造新的辉煌业绩。

伟大建党精神是中国共产党的本质特征,是党克服艰难险阻、不断夺取胜利的重要保证,是党始终走在时代前列的重要动力。中国共产党形成的宝贵精神财富,为中华民族伟大复兴提供了持久的强大精神支撑。

---

1. 习近平:《在党史学习教育动员大会上的讲话》,北京:人民出版社,2021年版,第19页。
2. 中共中央宣传部:《中国共产党的历史使命与行动价值》,《人民日报》2021年8月27日,第1版。

## 六、丰富和发展了习近平新时代中国特色社会主义思想

党的十八大以来，中国特色社会主义事业进入了新时代。这是一个决胜全面建成小康社会，进而全面建设社会主义现代化强国的时代，是不断创造美好生活、逐步实现全体人民共同富裕的时代，是实现中华民族伟大复兴的时代。进入新时代，我国社会的主要矛盾已表现为人民日益增长的美好生活需要和不平衡不充分的发展之间的矛盾。这意味着我国社会经济发展和人民生活跃入了新的历史阶段，实现中华民族伟大复兴进入了不可逆转的历史进程，迎来了从站起来、富起来到强起来的伟大飞跃。但这个历史时期，正是中国特色社会主义现代化建设的关键时期，也是世界格局处于百年未有之大变局的重大转折时期。

在这样的历史时代，我们党面临新的实践、新的课题，需要形成新的思想理论。党的十八大以来，习近平总书记"对关系新时代党和国家事业发展的一系列重大理论和实践问题进行了深邃思考和科学判断，就新时代坚持和发展什么样的中国特色社会主义、怎样坚持和发展中国特色社会主义，建设什么样的社会主义现代化强国、怎样建设社会主义现代化强国，建设什么样的长期执政的马克思主义政党、怎样建设长期执政的马克思主义政党等重大时代课题，提出一系列原创性的治国理政新理念新思想新战略"[1]，创立了习近平新时代中国特色社会主义思想。"习近平新时代中国特色社会主义思想是当代中国马克思主义、二十一世纪马克思主义，是中华文化和中国精神的时代精华，实现了马克思主义中国化新的飞跃。"[2]

在习近平新时代中国特色社会主义思想中，关于党自身建设的理论是十分重要的组成部分。我们知道，"改革开放以后，党和国家事业取得重大

---

1.《中共中央关于党的百年奋斗重大成就和历史经验的决议》，北京：人民出版社，2021年版，第25—26页。

2.《中共中央关于党的百年奋斗重大成就和历史经验的决议》，北京：人民出版社，2021年版，第26页。

成就，为新时代发展中国特色社会主义事业奠定了坚实基础、创造了有利条件。同时，党清醒认识到，外部环境变化带来许多新的风险挑战，国内改革发展稳定面临不少长期没有解决的深层次矛盾和问题以及新出现的一些矛盾和问题，管党治党一度宽松软带来党内消极腐败现象蔓延、政治生态出现严重问题，党群干群关系受到损害，党的创造力、凝聚力、战斗力受到削弱，党治国理政面临重大考验"[1]。围绕"建设什么样的长期执政的马克思主义政党、怎样建设长期执政的马克思主义政党"等事关新时代党和国家事业发展的重大课题，我们党形成了一系列新时代"伟大工程"建设的思想理论及其重大举措，在坚持党的全面领导、全面从严治党、勇于自我革命和全面推进党的政治建设、思想建设、组织建设、作风建设、纪律建设、制度建设以及干部队伍建设等方面，都取得了历史性成就。党的执政能力和领导水平不断提高，党始终成为坚强的领导核心，始终成为中国人民和中华民族的主心骨。

在新时代党的"伟大工程"建设中，党的思想理论和精神力量建设是十分重要的组成部分。在中国共产党诞生百年之际，我们党全面回顾总结重大历史成就和历史经验，首次提炼概括了伟大建党精神以及党的历史进程中形成的具体的红色精神，这对推进新时代执政党建设和中国特色社会主义事业具有深远的重大意义。习近平总书记提炼的伟大建党精神，集中展现了中国共产党的性质宗旨和政治品质，揭示了中国共产党产生和发展的重要规律和特点，总结了中国共产党历史的基本经验和成就，阐明了中国共产党伟大建党精神的历史意义和时代价值。我们党提炼和总结伟大建党精神，标志着我们党对自身性质宗旨、初心使命的理解达到了新的高度，对自身历史和经验的总结达到了新的高度；我们党提炼和总结伟大建党精神，标志着我们党从此确立了自党诞生以来就形成并不断丰富发展的完整的精神发展史，从而极大地拓宽了党史内容的视野和领域；我们党提炼和总结伟大

---

1.《中共中央关于党的百年奋斗重大成就和历史经验的决议》，北京：人民出版社，2021年版，第26—27页。

建党精神,标志着我们党系统而深刻地把握了伟大建党精神与各个历史时期的具体红色精神之间的内在联系,即共性与个性、普遍与特殊的辩证统一关系。伟大建党精神作为中国共产党所有伟大精神的共性内核,是不断丰富发展的,并具体地表现在各个历史时期的具体红色精神之中,从而进一步揭示了中国共产党精神家园的内在联系及其发展规律;我们党提炼和总结伟大建党精神,体现了我们党全面而深刻地认识和把握党的自身政治品质和优势,因为伟大建党精神高度凝练和反映了党的政治本色和精神风骨。

总之,伟大建党精神和各个历史时期的具体红色精神,实质上从更深层的精神文化层面回答了中国共产党"是什么、要干什么"这个根本问题,揭示了中国共产党"从哪里来、往哪里去"这个基本命题,诠释了中国共产党为什么能这个根本逻辑。因此,提出并弘扬伟大建党精神,进一步丰富和发展了马克思主义建党学说,标志着我们党对党的历史发展和党的建设规律认识都达到了新的高度。这是我们党的又一次重大理论创新,是马克思主义政党理论的新发展。

习近平总书记反复强调指出,"打铁必须自身硬,办好中国的事情,关键在党,关键在党要管党、全面从严治党。必须以加强党的长期执政能力建设、先进性和纯洁性建设为主线,以党的政治建设为统领,以坚定理想信念宗旨为根基,以调动全党积极性、主动性、创造性为着力点,不断提高党的建设质量,把党建设成为始终走在时代前列、人民衷心拥护、勇于自我革命、经得起各种风浪考验、朝气蓬勃的马克思主义执政党"[1]。党的领导和党的建设在整个中国特色社会主义事业中具有牵一发而动全身的关键性作用,加强党的理想信念、思想理论和精神品质建设,是新时代党的建设的重要内容和重大贡献,也是习近平新时代中国特色社会主义思想的重要内容和新的丰富发展。

习近平新时代中国特色社会主义思想是指导党和国家各项事业发展的

---

1.《中共中央关于党的百年奋斗重大成就和历史经验的决议》,北京:人民出版社,2021年版,第30页。

全面系统的思想理论体系。党的十八大以来，中国特色社会主义进入新时代。以习近平同志为核心的党中央，以伟大的历史主动精神、巨大的政治勇气、强烈的责任担当，统筹把握中华民族伟大复兴战略全局和世界百年未有之大变局，坚持把马克思主义基本原理同中国具体实际相结合、同中华优秀传统文化相结合，坚持毛泽东思想、邓小平理论、"三个代表"重要思想、科学发展观，深刻总结并充分运用党成立以来的历史经验，从新的时代实践出发，对关系新时代党和国家事业发展的一系列重大理论和实践问题进行了深邃思考和科学判断，创造性地提出了一系列新理念新思想新战略，创立了习近平新时代中国特色社会主义思想。

按照十九届六中全会《决议》的提炼概括，习近平新时代中国特色社会主义思想主要体现为"十个明确"："明确中国特色社会主义最本质的特征是中国共产党领导，中国特色社会主义制度的最大优势是中国共产党领导，中国共产党是最高政治领导力量，全党必须增强'四个意识'、坚定'四个自信'、做到'两个维护'；明确坚持和发展中国特色社会主义，总任务是实现社会主义现代化和中华民族伟大复兴，在全面建成小康社会的基础上，分两步走在本世纪中叶建成富强民主文明和谐美丽的社会主义现代化强国，以中国式现代化推进中华民族伟大复兴；明确新时代我国社会主要矛盾是人民日益增长的美好生活需要和不平衡不充分的发展之间的矛盾，必须坚持以人民为中心的发展思想，坚持和发展全过程人民民主，推动人的全面发展、全体人民共同富裕取得更为明显的实质性进展；明确中国特色社会主义事业总体布局是经济建设、政治建设、文化建设、社会建设、生态文明建设五位一体，战略布局是全面建设社会主义现代化国家、全面深化改革、全面依法治国、全面从严治党四个全面；明确全面深化改革总目标是完善和发展中国特色社会主义制度、推进国家治理体系和治理能力现代化；明确全面推进依法治国总目标是建设中国特色社会主义法治体系、建设社会主义法治国家；明确必须坚持和完善社会主义基本经济制度，使市场在资源配置中起决定性作用，更好发挥政府作用，把握新发展阶段，贯彻创新、协调、绿色、开放、共享的新发展理念，加快构建以国内大循环为主体、国内国际双循环相互促进的新发展格局,推动高质量发展,统筹发展和安全;明确党在新时代的强军目标是建设一支听党指挥、能打胜仗、作风优良的人民军队,把人民军队建设成为世界一流军队;明确中国特色大国外交要服务民族复兴、促进人类进步,推动建设新型国际关系,推动构建人类命运共同体;明确全面从严治党的战略方针,提出新时代党的建设总要求,全面推进党的政治建设、思想建设、组织建设、作风建设、纪律建设,把制度建设贯穿其中,深入推进反腐败斗争,落实管党治党政治责任,以伟大自我革命引领伟大社会革命。这些战略思想和创新理念,是党对中国特色社会主义建设规律认识深化和理论创新的重大成果。"[1] 从根本上讲,这"十个明确"中本身包括和体现了伟大建党精神的实质内容,同时,在推进和落实这"十个明确"过程中,同样需要坚持和弘扬伟大建党精神。毫无疑问,推进波澜壮阔的中国特色社会主义伟大事业,必然包含和生成着充满生机的磅礴的精神伟力。

再从党的百年奋斗历史经验角度分析,我们可以清楚地看到,中国共产党的伟大建党精神既是党的诸多重要历史经验之一,同时又包含和体现在党的重要历史经验之中。党的十九届六中全会通过的《决议》科学总结了党的历史经验。这些经过长期实践积累的宝贵经验,同伟大建党精神是完全统一的,是党和人民共同创造的精神财富,也是马克思主义中国化时代化的重大成果,是习近平新时代中国特色社会主义思想的重要来源和重要内容。

总之,坚持伟大建党精神、珍惜红色血脉、弘扬党的精神品质,对全面加强党的建设和推进整个社会主义现代化建设事业,在新时代实践中不断丰富和发展习近平新时代中国特色社会主义思想,都有着重大而深远的意义。

---

1.《中共中央关于党的百年奋斗重大成就和历史经验的决议》,北京:人民出版社,2021年版,第24—25页。

## 七、广泛凝聚起新时代全面建设社会主义现代化强国的磅礴精神伟力

任何一个民族要成为伟大的民族,都必须有激励和支撑本民族前行的独特精神文化。任何时代要创造伟大的成就,同样必须有引领时代发展的强大精神力量。在中国共产党坚强领导下,中国人民正意气风发地走向全面建设社会主义现代化强国的新的历史阶段。这是一个中国人民必将创造新的历史辉煌、实现中华民族伟大复兴的时代。这样一个书写美丽画卷的新时代,必定是一个有着鲜明时代精神引领并将创造出新的精神文化的时代。

党的十九届六中全会《决议》指出:"党的十八大以来,以习近平同志为核心的党中央领导全党全军全国各族人民砥砺前行,全面建成小康社会目标如期实现,党和国家事业取得历史性成就、发生历史性变革,彰显了中国特色社会主义的强大生机活力,党心军心民心空前凝聚振奋,为实现中华民族伟大复兴提供了更为完善的制度保证、更为坚实的物质基础、更为主动的精神力量。中国共产党和中国人民以英勇顽强的奋斗向世界庄严宣告,中华民族迎来了从站起来、富起来到强起来的伟大飞跃。"[1] 中国特色社会主义事业进入新时代,中华民族迎来了从站起来、富起来到强起来的伟大飞跃,一个重要内容和根本特征是:具有"更为主动的精神力量"。

习近平新时代中国特色社会主义思想集中体现了这种"更为主动的精神力量"。习近平新时代中国特色社会主义思想是"当代中国马克思主义、二十一世纪马克思主义,是中华文化和中国精神的时代精华,实现了马克思主义中国化新的飞跃"[2]。我们党以《决议》形式庄严宣告:"确立习近平同志

---

[1].《中共中央关于党的百年奋斗重大成就和历史经验的决议》,北京:人民出版社,2021年版,第61—62页。

[2].《中共中央关于党的百年奋斗重大成就和历史经验的决议》,北京:人民出版社,2021年版,第26页。

党中央的核心、全党的核心地位,确立习近平新时代中国特色社会主义思想的指导地位,反映了全党全军全国各族人民共同心愿,对新时代党和国家事业发展、对推进中华民族伟大复兴历史进程具有决定性意义。"[1] 新时代中国共产党人坚持用马克思主义的立场、观点、方法观察时代、把握时代、引领时代,系统而深刻地回答了一系列人民之问、时代之问、实践之问,不断推进马克思主义中国化时代化,用坚定的历史自信传承和弘扬中华优秀传统思想文化,用博大的天下胸怀吸收人类创造的一切优秀文明成果,用马克思主义中国化时代化的最新科学理论去指导、引领伟大实践,使中华民族伟大复兴事业和中国现代化建设取得了历史性成就。习近平新时代中国特色社会主义思想是当代中国时代精华,是当代马克思主义的最新理论成果,是我们党和国家战胜一切困难、不断开创中国特色社会主义事业从胜利走向胜利的行动指南。只要我们全面贯彻落实习近平新时代中国特色社会主义思想,勇于结合新的时代实践不断推进理论创新、善于用新的理论指导新的实践,就一定能够在中国大地上展现出更强大、更有说服力的真理力量和实践力量。

在推进中华民族伟大复兴和社会主义现代化进程中,需要凝聚起强大的中国精神和中国力量。习近平总书记指出,我们要"实现中国梦必须弘扬中国精神。这就是以爱国主义为核心的民族精神,以改革创新为核心的时代精神。这种精神是凝心聚力的兴国之魂、强国之魂。爱国主义始终是把中华民族坚强团结在一起的精神力量,改革创新始终是鞭策我们在改革开放中与时俱进的精神力量。全国各族人民一定要弘扬伟大的民族精神和时代精神,不断增强团结一心的精神纽带、自强不息的精神动力,永远朝气蓬勃迈向未来"[2]。重视精神建党立党、兴党强党,是马克思主义先进政党的一个本质特点和重要优势。中国共产党的伟大建党精神及一系列红色精神,是

---

1. 《中共中央关于党的百年奋斗重大成就和历史经验的决议》,北京:人民出版社,2021年版,第26页。
2. 习近平:《习近平谈治国理政》第一卷,北京:外文出版社,2018年版,第40页。

中国共产党人在长期奋斗实践中形成、发展起来的。它既体现了马克思主义的科学真理，又传承了中华民族优秀精神文化传统；既体现了党的性质宗旨、理想信念、组织纪律等，又反映了斗争实践中总结淬炼出来的时代精神风貌，并在共产党员身上所展现的执着信念、赤胆忠诚、崇高境界、坚毅勇气、炽热情感、顽强意志、高尚风范等品质中得以体现。

这些精神风貌是一种具有强烈的革命性、实践性的精神意志，具有强大的凝心聚力、感召群众、战胜困难、勇于斗争、勇于胜利、一往无前的大无畏气概，是党奋发前行的强大精神力量。党的这种革命奋斗精神和意志力量，既渗透在党的政治建设、思想建设、组织建设、作风建设、纪律建设和制度建设之中，更在党的各级组织和广大党员干部实践活动中鲜活地表现为"精气神"。这种精神气概，是中国共产党的一个鲜明品质。"党的百年发展史，就是在马克思主义指引下，坚定信念、勇于探索、百折不挠、顽强不屈的不懈奋斗史。"[1] 中国共产党人造就和弘扬的伟大建党精神，是激励共产党人不懈奋斗的精神动力，也早已"深深融入中华民族的血脉之中，使中国人民的精神面貌发生巨大变化，为民族复兴提供了更持久、更深沉、更有力量的强大支撑"[2]。

过去，我们党百年奋斗取得的一切辉煌成就，都是同传承、弘扬伟大建党精神联系在一起的。现在，我们党要实现第二个百年奋斗目标，既面临难得的发展机遇，也面临着严峻的风险挑战。我们应清醒地看到，中华民族伟大复兴梦想绝不会是轻轻松松、敲锣打鼓就能实现的，在前进道路上还会有种种艰难险阻。我们要战胜这些困难风险，要创造现代化建设丰功伟业，时刻都离不开伟大建党精神的强大动力。在新的历史条件下，我们必须防止滋生并战胜各种消极腐败思想意识和精神萎靡现象，需要大力弘扬伟大建党精神和中国精神，不断激发全体人民团结奋进的力量。

---

1. 中共中央宣传部：《中国共产党的历史使命与行动价值》，《人民日报》2021年8月27日，第1版。
2. 同上。

"物质生活的日益丰富、和平时期的承平日久,可能会滋生拜金主义、享乐主义、个人主义,导致理想信念消退、奋斗精神缺失、社会凝聚力下降。党对此保持清醒认识,在推进物质文明不断发展的同时,高度重视精神文明建设,坚持不懈在全社会开展党的创新理论、理想信念、奋斗精神教育,加强思想舆论引导,展示昂扬向上的社会主流,反映发展进步的社会本质,营造团结奋进的社会氛围。"[1] 在一百年的非凡奋斗历程中,我们党形成了一系列伟大精神,构筑了中国共产党人的精神谱系。这些精神财富为我们立党兴党强党提供了丰厚滋养,我们必须大力发扬红色精神,让党的伟大精神在新时代绽放更加光彩夺目的辉煌。

一个民族、一个国家,唯有精神上达到一定高度,才能在历史的洪流中屹立不倒、奋勇向前。站在"两个一百年"奋斗目标历史交汇点上,中华民族迎来了从站起来、富起来到强起来的伟大飞跃,实现中华民族伟大复兴进入了不可逆转的历史进程。在全面推进社会主义现代化强国进程中,我们要不断增强文化自信和文化自觉,让伟大的民族精神、中国精神不断"强起来",为党和国家事业蓬勃发展提供源源不断的精神力量。

---

1.中共中央宣传部:《中国共产党的历史使命与行动价值》,《人民日报》2021年8月27日,第1版。

# 04 第四篇 伟大建党精神揭示了党的先进性本质

> 中国共产党是一个用马克思主义先进理论武装、由工人阶级和中华民族先进分子组织起来、全心全意为中国人民谋幸福、为中华民族谋复兴、代表并引领时代发展方向、有着独特政治品质和精神风骨的先进政党。先进性和纯洁性是我们党的本质属性，是我们党的生命和力量所在。伟大建党精神深刻揭示和体现了党的先进性本质，更是我们党不断加强先进性建设的重大政治优势和宝贵精神财富。

## 一、伟大建党精神从内在精神逻辑和政治品质视角深刻揭示和彰显了党的先进性本质

我们党是长期执政的大党，党的先进性建设是一个长期而又必须解决好的根本性课题。习近平总书记指出，"先进性和纯洁性是马克思主义政党的本质属性"[1]。"我们党作为百年大党，如何永葆先进性和纯洁性、永葆青春活力，如何永远得到人

---

1. 习近平：《习近平谈治国理政》第二卷，北京：外文出版社，2017年版，第43页。

民拥护和支持,如何实现长期执政,是我们必须回答好、解决好的一个根本性问题。"[1]党的十九大报告明确要求,新时代党的建设要"以加强党的长期执政能力建设、先进性和纯洁性建设为主线"[2]。

习近平总书记在庆祝中国共产党成立100周年大会上发表重要讲话,站在我们党和国家事业两个一百年历史使命的高度,系统回顾了党的百年奋斗历程及历史经验,深刻揭示了党的先进本质和永葆青春活力的本质依据,深情展望了中华民族伟大复兴的光明前景。习近平总书记在这一重要讲话中,科学提炼概括了中国共产党的伟大建党精神并阐述了其丰富的内涵:"一百年前,中国共产党的先驱们创建了中国共产党,形成了坚持真理、坚守理想,践行初心、担当使命,不怕牺牲、英勇斗争,对党忠诚、不负人民的伟大建党精神,这是中国共产党的精神之源。"[3]认真学习习近平总书记的讲话精神,深刻领悟伟大建党精神的理论和实践价值,其中一个重要着力点,就是要充分理解伟大建党精神揭示了中国共产党的先进本质。党的先进性是我们党的本质属性。中国共产党之所以能战胜各种风险考验而取得一个又一个胜利,归根结底是因为中国共产党是一个先进的政党,而伟大建党精神从我们党深层的精神逻辑和政治品质视角,集中揭示和彰显了党的先进性本质。

我们党的先进性是党"之所以能""为什么能"的根本原因所在。只有具备先进性的政党,才能走在时代前列,带领人民前进,引领时代发展。伟大建党精神是滋养和激励我们党永葆青春活力、走好未来"赶考"之路、团结带领人民创造更加美好未来的强大动力。

---

1. 习近平:《习近平谈治国理政》第三卷,北京:外文出版社,2020年版,第529页。
2. 习近平:《决胜全面建成小康社会 夺取新时代中国特色社会主义伟大胜利——在中国共产党第十九次全国代表大会上的报告》,北京:人民出版社,2017年版,第62页。
3. 习近平:《在庆祝中国共产党成立100周年大会上的讲话》,北京:人民出版社,2021年版,第8页。

## 二、伟大建党精神与党的指导思想的先进性

中国共产党是在俄国十月革命和马克思主义直接影响下诞生的。坚持马克思主义科学真理，坚守马克思主义理想信念，是中国共产党先进性的思想理论前提。习近平总书记指出："不忘初心、牢记使命，必须用马克思主义中国化最新成果统一思想、统一意志、统一行动。马克思主义政党的先进性，首先体现为思想理论上的先进性。注重思想建党、理论强党，是我们党的鲜明特色和光荣传统。"[1] 中国共产党是用马克思主义武装起来的政党，思想理论上的先进性是我们党政治上成熟的基础，也是始终走在时代前列的根本保证。

一百年前，在中国先进仁人志士们苦苦求索中华民族复兴出路之际，俄国十月革命一声炮响，给中国送来了先进的马克思列宁主义。马克思列宁主义在中国的传播，极大地促进了中国人民的伟大觉醒，催生了中国共产党，点亮了中华民族的复兴之光。正如习近平总书记指出："十月革命一声炮响，给中国送来了马克思列宁主义。这犹如黑暗中的一道霞光，给正在苦苦探求救国救民道路的中国先进分子指明了方向，中国共产党应运而生。从登上中国政治舞台的那一刻起，我们党就坚持马克思主义立场观点方法，始终不渝为中国人民谋幸福、为中华民族谋复兴，从此，中国人民开始从精神上由被动转为主动，中华民族开始艰难地但不可逆转地走向伟大复兴。"[2]

马克思主义是中国共产党的根本指导思想，是党的灵魂和党不断前行的旗帜。我们党坚定不移地用马克思主义基本原理、基本方法去分析解决中国革命和建设的实际问题，并在波澜壮阔的实践中不断推进马克思主义新发展，推动中国革命、建设、改革和新时代中国特色社会主义事业取得一

---

[1] 习近平：《在"不忘初心、牢记使命"主题教育总结大会上的讲话》，北京：人民出版社，2020年版，第13页。

[2] 习近平：《在党史学习教育动员大会上的讲话》，北京：人民出版社，2021年版，第6页。

个又一个的新胜利。中国共产党人一经选择了马克思主义,就从来没有动摇过、改变过、放弃过,而是一以贯之、坚定不移地坚持它、维护它、发展它,不断把马克思主义科学真理运用于实践,在实践中绽放科学真理的光芒。

中国共产党人始终占据着科学真理的制高点。在迄今为止的人类发展史上,马克思主义是最为系统、最为完整、也最为深刻的思想理论体系,它深刻揭示了自然界、人类社会、人类思维发展的普遍规律,为人类社会指明了新的发展方向,深刻地改变了人类社会的文明进程。马克思主义提出的社会主义、共产主义理想信念,与中华文明重民本、尚和合、求大同的理念相契合,与中国历代有志之士追求民富国强的梦想相适应,特别是与近代以来中国先进分子救亡图存、复兴中华的愿望相一致。它提出的辩证唯物主义、历史唯物主义世界观和方法论,与中华民族历史上的天人合一、矛盾统一、以民为本、知行合一等思想,都有着广泛的统一性。这使马克思主义不但揭示了人类社会普遍发展规律,而且有着与中华优秀传统文化和基本国情高度契合的中国化依据。马克思主义不仅提出了共产主义的远大理想,而且还指明了实现这个理想的根本方法和基本路径,包括建立无产阶级政党、组织和依靠劳动人民、开展革命斗争、组织武装力量和建立革命政权等。马克思主义具有鲜明的科学性、实践性、人民性和开放性的真理本质。马克思主义始终具有鲜活的实践本质,随着时代的进步而不断丰富和发展。

百年来,中国共产党人坚持把马克思主义基本原理同中国具体实际相结合、同中华优秀传统文化相结合,坚持实事求是,从中国实际出发,洞察时代大势,把握历史主动,用马克思主义观察时代、把握时代、引领时代,推动时代新的发展。从根本上讲,中国共产党为什么能,中国特色社会主义为什么好,归根到底是因为马克思主义行。而马克思主义之所以"行",就在于马克思主义尊重人类历史发展客观规律,系统揭示了社会主义、共产主义新世界代替旧世界的必然性,科学阐明了共产党人的基本世界观、价值观、方法论及其历史使命。

马克思主义是我们党认识世界和改造世界的强大思想武器。在百年艰辛实践探索中,中国共产党人不断推进马克思主义中国化时代化,不断开辟马克思主义新境界。在党的不同历史发展阶段，分别创立了毛泽东思想、邓小平理论，形成了"三个代表"重要思想、科学发展观，进入新时代，创立了习近平新时代中国特色社会主义思想，从而为党和国家各项事业发展提供了科学理论指导，为丰富和发展马克思主义作出了重大原创性贡献。党的奋斗历史，就是不断推进马克思主义中国化时代化的历史，就是不断推进理论创新、理论创造的探索史，就是不断丰富和发展马克思主义思想理论的历史。

善于把握规律，按照客观规律办事，是马克思主义政党保持先进性的本质要求。取得政权后，我们党不断探索共产党执政规律、社会主义建设规律、人类社会发展规律，并把对这些规律的科学认识成果运用于实践，指导自己的行动。马克思主义是不断发展的开放理论。在社会主义建设实践中，党对"什么是社会主义、怎样建设社会主义""建设什么样的党、怎样建设党""实现什么样的发展、怎样发展""新时代坚持和发展什么样的中国特色社会主义、怎样坚持和发展中国特色社会主义"等重大问题的认识不断深化，并提出了一系列新观点新论断，进行了一系列新探索新实践，丰富和发展了科学社会主义，党对共产党执政规律、社会主义建设规律、人类社会发展规律的认识提升到了新的高度。

特别是党的十八大以来，以习近平同志为核心的党中央勇于推进在实践基础上的理论创新，创立了习近平新时代中国特色社会主义思想。这一思想是推动新时代党和国家事业不断向前发展的科学指南，是引领中国、影响世界的当代中国马克思主义、二十一世纪马克思主义。马克思主义是共产党人认识和把握世界的科学真理，指导实践的基本立场和方法，是党不懈奋斗的崇高理想信念。这个理想信念，就是马克思主义科学信仰、共产主义远大理想和中国特色社会主义共同理想。对马克思主义政党来说，坚持科学真理和坚定理想信念是完全统一的。

习近平新时代中国特色社会主义思想是我们党重大的理论创新成果，是我们党认识客观规律、掌握客观规律、运用客观规律进而推动实践创新的科学总结和理论升华，是我们党保持先进性、走在时代前列的生动展现。

共产党人的初心使命,不仅来自对人民的朴素感情,更要建立在执着追求真理、科学掌握马克思主义理论之上。只有坚持思想建党、理论强党,不忘初心才能更加自觉,担当使命才能更加坚定。中国共产党人靠真理"吃饭",靠不断中国化时代化的马克思主义科学真理去认识和改造世界,进而去创造历史成就、开拓美好未来。

## 三、伟大建党精神与党的性质宗旨的先进性

中国共产党的百年历史,就是一部践行党的初心使命的历史,就是一部党与人民心连心、同呼吸、共命运的历史。我们党从诞生那天起,就把为中国人民谋幸福、为中华民族谋复兴作为自己的初心使命。这是中国共产党先进性的集中表现。"践行初心、担当使命"的伟大建党精神,深刻彰显了这一先进性。

践行初心使命,必须始终不渝地坚持全心全意为人民服务的根本宗旨。人民利益和人民立场是中国共产党的根本性质和根本立场,我们党本质上就是全心全意为人民服务的党。坚持全心全意为人民服务,在任何时候都把群众利益放在第一位,同群众同甘共苦,保持最密切的联系,是我们党的根本宗旨和制胜法宝。马克思主义实质上是关于人类自由解放的理论,人民性是马克思主义最鲜明的特质。我们党是用马克思主义武装起来的政党,人民性是我们党最鲜明的本质属性。习近平总书记指出:"江山就是人民、人民就是江山,打江山、守江山,守的是人民的心。中国共产党根基在人民、血脉在人民、力量在人民。"[1]"民心是最大的政治。我们党是全心全意为人民服务的党,坚持立党为公、执政为民,把人民对美好生活的向往作为始终不

---

1.习近平:《在庆祝中国共产党成立100周年大会上的讲话》,北京:人民出版社,2021年版,第11页。

渝的奋斗目标。"[1] 他强调,"人民立场是中国共产党的根本政治立场,是马克思主义政党区别于其他政党的显著标志"[2]。"以百姓心为心,与人民同呼吸、共命运、心连心,是党的初心,也是党的恒心。"[3]

因此,我们要把坚持尊重社会发展规律和尊重人民历史主体地位统一起来,坚持为崇高理想奋斗和为最广大人民谋利益结合起来,坚持为民造福、为民谋利,担当有为、奋发进取,自觉把对国家、对民族、对人民负责的使命扛在肩上,不断推进和实现人民当家作主,紧紧依靠人民力量战胜一切困难并不断取得胜利,始终把人民对美好生活的向往作为党的奋斗目标,善作善成,不断开拓为民谋利造福的新事业新局面。

践行初心使命,必须始终不渝地代表广大人民的根本利益。中国共产党是代表人民根本利益、为人民谋幸福的政党。《共产党宣言》阐明了共产党人为无产阶级和绝大多数劳动者而斗争的政治立场和主张,明确指出:"过去的一切运动都是少数人的,或者为少数人谋利益的运动。无产阶级的运动是绝大多数人的,为绝大多数人谋利益的独立的运动。"[4] 作为马克思主义政党,中国共产党始终代表最广大人民的根本利益,与人民休戚与共,生死相依,没有任何自己特殊的利益,也从来不代表任何利益集团、任何权势团体、任何特权阶层的利益。从诞生那天起,我们党所做的一切、所付出的一切牺牲,都是为了人民。任何想把中国共产党同中国人民分割开来、对立起来的企图,都是绝不会得逞的。为中国人民谋幸福、为中华民族谋复兴,是中国共产党人始终不变的初心使命。这个初心和使命是激励中国共产党

---

1. 习近平:《在基层代表座谈会上的讲话》,北京:人民出版社,2020年版,第6页。
2. 习近平:《在庆祝中国共产党成立95周年大会上的讲话》,北京:人民出版社,2016年版,第18页。
3. 中共中央党史和文献研究院、中央"不忘初心、牢记使命"主题教育领导小组办公室编:《习近平关于"不忘初心、牢记使命"论述摘编》,北京:中央文献出版社、党建读物出版社,2019年版,第17页。
4. 马克思、恩格斯:《共产党宣言》,北京:人民出版社,2014年版,第39页。

人不断前进的根本动力。中国共产党的诞生、成长和奋斗进程，就是为中国人民谋幸福、为中华民族谋复兴的历史。一百年来，中国共产党团结带领中国人民进行的一切奋斗、一切牺牲、一切创造，归结起来就是一个主题：实现中华民族的伟大复兴。实现中华民族伟大复兴，是历史的必然，是各族人民的共同愿望和根本利益所在。

践行初心使命，必须始终不渝地坚持人民至上的唯物史观和价值观。人民至上，是中国共产党性质宗旨的集中体现，是唯物史观和共产党人价值观的集中体现，是习近平新时代中国特色社会主义思想的鲜明品格。人民，只有人民，才是历史的创造者，是真正的英雄。马克思主义认为，社会历史是追求着自己目的的人的活动，在这种活动中，人民群众就是创造历史的主体。源远流长的中华民族发展史是中国人民书写的，博大精深的中华文明是中国人民创造的，中华民族迎来了从站起来、富起来到强起来的伟大飞跃也同样是中国人民在党的坚强领导下奋斗出来的。

人民性是习近平新时代中国特色社会主义思想的显著特征。习近平新时代中国特色社会主义思想，鲜明体现了人民创造历史、人民是真正英雄的唯物史观，人民至上、人民利益高于一切的价值取向。我们党坚持立党为公、执政为民的执政理念，是人民利益、人民心声的集中表达。坚持人民至上，践行初心使命，必须贯彻落实到党治国理政的各领域和全过程。人民是社会主义国家的主人，我国是工人阶级领导的、以工农联盟为基础的人民民主专政的社会主义国家，国家一切权力属于人民。习近平总书记指出："人民当家作主是社会主义民主政治的本质和核心。"[1]"尊重人民主体地位，保证人民当家作主，是我们党的一贯主张。"[2] 我国社会主义民主是维护人民根本利益的最广泛、最真实的民主。各级国家机关及其工作人员，说到底都是为人

---

1. 习近平：《在庆祝全国人民代表大会成立60周年大会上的讲话》，北京：人民出版社，2014年版，第7页。
2. 习近平：《在庆祝中国共产党成立95周年大会上的讲话》，北京：人民出版社，2016年版，第19页。

民服务的公仆。发展社会主义民主政治就是要体现人民意志、保障人民权益、激发人民创造活力，用制度体系保证人民当家作主。我们必须坚持和完善中国特色社会主义制度，不断推进国家治理体系和治理能力现代化，完善人民当家作主制度体系，确保人民依法通过各种途径和形式管理国家事务，管理经济文化事业，管理社会事务，使人民当家作主的主体地位和权利得到充分体现。

践行初心使命，必须始终不渝地坚持以人民为中心的发展思想。中国共产党所做的一切，归根到底是为人民的利益和幸福。坚持人民至上和人民立场，重要的是要落实到发展和实现人民的利益上。它要求中国共产党人始终把人民生活幸福作为"国之大者"，以最广大人民根本利益作为一切工作的根本出发点和落脚点。如果不能很好地维护、发展和实现人民的利益，不为人民办实事办好事，就会脱离人民，党就会失去生存和发展的根基，就会丧失自己的先进性，就不可能为人民执好政，就有亡党亡国的危险。因此，必须牢固树立以人民为中心的发展思想，必须坚定地把"人民对美好生活的向往"作为我们党的奋斗目标。追求美好生活是人民利益的永恒主题，是我们矢志不移的执政目标。习近平总书记指出："我们的目标很宏伟，但也很朴素，归根结底就是让全体中国人都过上更好的日子。"[1]"为人民而生，因人民而兴，始终同人民在一起，为人民利益而奋斗，是我们党立党兴党强党的根本出发点和落脚点。"[2]

在党的十八届五中全会上，我们党首次明确提出了以人民为中心的发展思想，这是坚持"人民至上"唯物史观和价值取向在发展观上的创造性运用。习近平总书记指出："只有坚持以人民为中心的发展思想，坚持发展为了人民、发展依靠人民、发展成果由人民共享，才会有正确的发展观、现代化

---

[1] 习近平：《习近平谈治国理政》第三卷，北京：外文出版社，2020年版，第134页。

[2] 习近平：《在党史学习教育动员大会上的讲话》，北京：人民出版社，2021年版，第15页。

观。"[1]"治国有常,而利民为本。"党的十八大以来,以习近平同志为核心的党中央把脱贫攻坚作为重中之重,经过8年持续奋斗,困扰中华民族几千年的绝对贫困问题得到历史性解决,全面实现了小康社会,创造了人类减贫史上的奇迹。当前,我国社会主要矛盾已经转化为人民日益增长的美好生活需要和不平衡不充分的发展之间的矛盾,以前要解决"有没有"的问题,现在要解决的是"好不好"的问题。我们要继续坚持以人民为中心的发展思想,不断体现逐步实现共同富裕的发展要求,立足新发展阶段、贯彻新发展理念、构建新发展格局,着力提升发展质量和效益,更好满足人民多方面日益增长的需要,更好促进人的全面发展、全体人民共同富裕。

践行初心使命,必须始终不渝地坚持党的群众路线和"人民是阅卷人"的执政理念。得民心者得天下,失民心者失天下。坚持人民立场、人民至上,实现人民利益,满足人民愿望,关键要坚持为人民执好政,为人民创造更美好的生活,始终不渝地走群众路线,倾听群众呼声,反映群众愿望,用人民群众满意不满意、高兴不高兴作为标准,衡量我们党和政府的工作。习近平总书记用十分形象朴实的语言指出:"时代是出卷人,我们是答卷人,人民是阅卷人。"[2]"我们要坚持人民至上,只要是人民群众欢迎、咧嘴笑的事,再难也要干到底;只要是人民群众不高兴、撇嘴的事,就坚决不要干!"[3]我们党是代表最广大人民根本利益的政党,党的执政水平和执政成效不是由自己说了算,人民群众才是我们党和政府工作的最高裁决者和最终评判者。评判的基本标准就是人民的满意度,评判的具体内容就是人民的获得感,评判的结果就是民心向背。

---

1. 《深入学习坚决贯彻党的十九届五中全会精神 确保全面建设社会主义现代化国家开好局》,《人民日报》2021年1月12日,第1版。
2. 中共中央党史和文献研究院、中央"不忘初心、牢记使命"主题教育领导小组办公室编:《习近平关于"不忘初心、牢记使命"论述摘编》,北京:中央文献出版社、党建读物出版社,2019年版,第37页。
3. 《习近平:只要是人民群众欢迎、咧嘴笑的事,再难也要干到底》,https://www.shantou.gov.cn/stswsj/gkmlpt/content/1/1838/mpost_1838919.html#3521。

习近平总书记在党史学习教育动员大会上的重要讲话中指出:"为人民而生,因人民而兴,始终同人民在一起,为人民利益而奋斗,是我们党立党兴党强党的根本出发点和落脚点。"[1]我们党的一切执政实践活动,无论是出发点还是落脚点,都要坚持走群众路线。"群众工作是我们的看家本领,我们党靠群众工作起家,同样要靠群众工作实现长期执政。"[2]他强调指出:"无论作决策还是抓工作、促落实,都要体现宗旨意识、人民立场,都要贯彻党的群众路线。"[3]"老百姓是天,老百姓是地。忘记了人民,脱离了人民,我们就会成为无源之水、无本之木,就会一事无成。"[4]我们党来自人民、植根人民、服务人民。人民是我们党的立身之本,是我们党的力量源泉。一旦脱离群众,就会失去生命力。只有与人民风雨同舟、生死与共,始终保持血肉联系,我们党才能长期执政,国家才能长治久安。正所谓"天下之治乱,不在一姓之兴亡,而在万民之忧乐"。"得众则得国,失众则失国。"一个政党,一个政权,其前途命运取决于人心向背。人民是我们党执政的最深厚基础和最大底气。与人民风雨同舟、生死与共,始终保持血肉联系,是我们党战胜一切困难和风险的根本保证。群众路线是我们党的生命线和根本工作路线,是我们党永葆青春活力和战斗力的重要传家宝。习近平总书记指出:"保持党的先进性和纯洁性、巩固党的执政基础和执政地位靠什么?最重要的就是靠坚持党的群众路线、密切联系群众。"[5]中国共产党一百年来的历史,就是一部始终保持同人民群众血肉联系、不断依靠人民群众取得胜利的历史。

践行初心使命,必须始终不渝地牢记我们党之所以成功的根本经验。

---

1. 习近平:《在党史学习教育动员大会上的讲话》,北京:人民出版社,2021年版,第15页。
2. 习近平:《在中央和国家机关党的建设工作会议上的讲话》,《求是》2019年第21期。
3. 同上。
4. 习近平:《习近平谈治国理政》第二卷,北京:外文出版社,2017年版,第53页。
5. 习近平:《习近平谈治国理政》第一卷,北京:外文出版社,2018年版,第367—368页。

"初心易得,始终难守。以史为鉴,可以知兴替。我们要用历史映照现实、远观未来,从中国共产党的百年奋斗中看清楚过去我们为什么能够成功、弄明白未来我们怎样才能继续成功,从而在新的征程上更加坚定、更加自觉地牢记初心使命、开创美好未来。"[1] 我们要用历史映照现实、远观未来,习近平总书记的话语重心长、掷地有声。我们党之所以历经百年而风华正茂、饱经磨难而生生不息,根本在于党在任何时候都把人民放在心中最高位置,始终以百姓心为心,与群众有福同享、有难同当,有盐同咸、无盐同淡。伟大建党精神揭示了我们党的根本宗旨和初心使命,集中彰显了党的本质属性和成功要诀。人民利益、人民幸福、人民至上、以人民为中心、群众路线是党的根本立场、基本准则和根本方法,也是我们党的生命所系,力量所在,是我们党始终保持先进性和长期执政地位的根本保证。保持党的先进性是一个接续奋斗的长期任务。历史和实践反复证明,我们党的最大政治优势是密切联系群众,党执政后的最大危险是脱离群众。脱离群众的最大隐患就是党内和干部队伍中的消极腐败现象。

因此,我们党要永葆先进性和纯洁性、永葆生机活力,就必须一刻不停地推进党风廉政建设和反腐败斗争。习近平总书记指出,各级领导干部必须切实担负起管党治党政治责任,始终保持"赶考"的清醒,保持对"腐蚀""围猎"的警觉,把全面从严治党的主基调长期坚持下去,深入开展正风肃纪反腐败斗争,不断增强党自我净化、自我完善、自我革新、自我提高能力,确保引领中国特色社会主义事业不断推向前进。防止脱离群众的根本任务,就是不断带领人民群众创造更美好的生活。能否实现好人民的根本利益,能否满足人民群众不断增强的美好生活的需求,决定着能否保持党同人民群众的血肉联系。人民的幸福、民族的复兴、国家的富强,是中国共产党立党兴党强党的奋斗目标和力量源泉。中国共产党始终把人民放在第一位,坚持人民的历史主体地位,一切为了人民和民族复兴大业,从而使中国

---

1. 习近平:《在庆祝中国共产党成立100周年大会上的讲话》,北京:人民出版社,2021年版,第10页。

共产党不仅占据真理的制高点,而且占据道义的制高点。

在新时代的伟大征程中,我们必须坚定理想信念,牢记初心使命,践行党的宗旨,紧紧依靠人民创造历史,坚持全心全意为人民服务的根本宗旨,站稳人民立场,贯彻党的群众路线,永远保持同人民群众的血肉联系,尊重人民首创精神,践行以人民为中心的发展思想,发展全过程人民民主,维护社会公平正义,着力解决发展不平衡不充分问题和人民群众急难愁盼问题,始终同人民想在一起、干在一起,风雨同舟、同甘共苦,推动人的全面发展、全体人民共同富裕取得更为明显的实质性进展,继续为实现人民对美好生活的向往不懈努力。

## 四、伟大建党精神与党的意志品质的先进性

人是有理想信仰、精神意志的。一个民族、一个国家、一个革命政党,更要有理想信念和精神意志。习近平总书记指出,人无精神则不立,国无精神则不强。精神是一个民族赖以长久生存的灵魂,唯有精神上达到一定的高度,这个民族才能在历史的洪流中屹立不倒、奋勇向前。

中国共产党在苦难中诞生、在探索中成长、在斗争中发展。中华民族伟大复兴事业在党的领导下推进、在党和人民的不懈奋斗中繁盛。实现中华民族伟大复兴梦想,绝不是轻轻松松、敲锣打鼓就能实现的,前进道路上必然会出现各种可以预测和不可预测的困难和挑战,必须通过百折不挠的接续奋斗才能变为现实。中国共产党和中国人民明白,一切成就都是不懈奋斗的结果,一切事业都需要在继往开来的接续奋斗中推进。

中国共产党是一个具有坚定信念和顽强奋斗意志的政党。正是共产党人的顽强奋斗的精神毅力,才走出了一条由血与火锻造的道路,才战胜一切敌人和艰难困苦而创造了辉煌历史。历史警示我们,如果共产党人的精神信仰垮了,就会导致红旗变色、江山易主。中国共产党是有着崇高理想和使命的。在实现这种理想使命进程中必然会遇到千险万难,需要有坚韧不拔的精神意志。这是我们党的先进本质的重要内容和特点,也是我们战胜一

切困难、不断开创美好未来的弥足珍贵的精神财富。

习近平总书记强调:"坚定理想信念,坚守共产党人精神追求,始终是共产党人安身立命的根本。对马克思主义的信仰,对社会主义和共产主义的信念,是共产党人的政治灵魂,是共产党人经受住任何考验的精神支柱。"[1] 中国共产党人怀着远大理想从苦难中一路走来,不惧任何艰难险阻、不怕任何强大敌人而敢于斗争、敢于牺牲、勇于胜利。"不怕牺牲、英勇斗争"精神,深刻揭示了中国共产党人的坚强意志品质和强大主体性力量。这是中国共产党先进性在主体精神品质和意志力量上的具体展现。这也就是说,中国共产党的政治品质和先进性必然要表现在党的精神意志和行动作风上,精神特质上的先进性是党的本质属性。我们党强大的精神力量是战胜一切困难的重大武器。

顽强奋斗,是中国共产党的鲜明品质。一百年来,我们党曾遭遇过无数艰难险阻,经历过无数生死考验,付出过无数惨烈牺牲,但始终顽强不屈、奋斗不止。党的百年发展史,是坚持真理、坚守理想、不怕牺牲、英勇斗争的不懈奋斗史。为了实现中华民族伟大复兴,中国共产党团结带领中国人民,浴血奋战、百折不挠,自力更生、发愤图强,解放思想、锐意进取,创造了新民主主义革命、社会主义革命和建设、改革开放和社会主义现代化建设的伟大成就。中国共产党和中国人民以英勇顽强的百年奋斗,向世界庄严宣告:中国人民站起来了,中华民族任人宰割、饱受欺凌的时代一去不复返了;中国人民不但善于破坏一个旧世界、也善于建设一个新世界,只有社会主义才能救中国,只有社会主义才能发展中国;改革开放作为决定当代中国前途命运的关键一招,使中国大踏步赶上了时代。进入新时代,为了实现中华民族伟大复兴,中国共产党团结带领中国人民,自信自强、守正创新,统揽伟大斗争、伟大工程、伟大事业、伟大梦想,创造了新时代中国特色社会主义的伟大成就。中国共产党和中国人民继续以其英勇顽强的不懈奋斗,向世界庄严宣告:中华民族迎来了从站起来、富起来到强起来的伟大飞跃,实现中华民族

---

1. 习近平:《习近平谈治国理政》第一卷,北京:外文出版社,2018年版,第15页。

伟大复兴进入了不可逆转的历史进程。

中国共产党为什么能在困境逆境、挫折失败中奋起，能取得彪炳史册的辉煌成就？其中一个根本原因，就在于我们党是一个有着顽强意志力和奋斗精神的先进政党。在革命战争年代，党多次面临困难和挫折，甚至濒临被敌人消灭的危险境地，但党对自己的信念毫不动摇，在困境中不怕牺牲，英勇奋斗，在绝境中敢于斗争，在逆境中毅然奋起，从而不断发展壮大。在社会主义革命、建设和改革开放时期，面对各种困难和挑战，党领导人民自信自强，顶住逆流，排除干扰，艰苦奋斗，探索创新，使党和国家各项事业不断取得新胜利。进入新时代，面对国内改革、发展、稳定的繁重任务，面对严峻的国际形势和外部压力，党领导人民进行具有许多新的历史特点的伟大斗争，不断把中国特色社会主义事业继续推向前进。

在奋斗行动中淬炼奋斗精神，用奋斗精神激励奋斗行动。中国共产党人坚持和弘扬伟大建党精神，顽强拼搏、不懈奋斗，创造了可歌可泣的历史，产生了一批又一批不怕牺牲、视死如归、忘我奉献、矢志奋斗的革命烈士和英雄模范人物，谱写了一曲又一曲体现伟大建党精神的红色赞歌。习近平总书记指出："'人生天地间，长路有险夷。'世界上没有哪个党像我们这样，遭遇过如此多的艰难险阻，经历过如此多的生死考验，付出过如此多的惨烈牺牲。一百年来，在应对各种困难挑战中，我们党锤炼了不畏强敌、不惧风险、敢于斗争、勇于胜利的风骨和品质。这是我们党最鲜明的特质和特点。在一百年的非凡奋斗历程中，一代又一代中国共产党人顽强拼搏、不懈奋斗，涌现了一大批视死如归的革命烈士、一大批顽强奋斗的英雄人物、一大批忘我奉献的先进模范，形成了井冈山精神、长征精神、遵义会议精神、延安精神、西柏坡精神、红岩精神、抗美援朝精神、'两弹一星'精神、特区精神、抗洪精神、抗震救灾精神、抗疫精神等伟大精神，构筑起了中国共产党人的精神谱系。我们党之所以历经百年而风华正茂、饱经磨难而生生不息，就是凭着那么一股革命加拼命的强大精神。"[1] 一百年来，中国共产党领导人民不怕牺牲，拼搏奋斗，"在中国大地不仅建筑起遍地林立的高楼大厦，而且铸造了巍然耸立的中华民族精神大厦"[2]。中国共产党创造的这些宝贵精神财富，早已深深融入中华民族的血脉之中，使中国人民的精神面貌发生了历史性变化，为民族复兴提供了更持久、更深沉、更有力量的强大支撑。

中国共产党的伟大建党精神及百年奋斗历程中所构筑的红色精神谱系，是我们党和人民极其宝贵的精神财富，具有跨越时空的普遍价值。这些精神集中彰显了党的坚定信念、根本宗旨、优良作风，集中体现了马克思主义坚持真理、追求人类自由解放的崇高理想和胸怀，集中凝聚着中国共产党人艰苦奋斗、牺牲奉献、开拓进取的伟大品格，也集中承载着中华民族不惧困苦危难、自强不息、拼搏奋斗的精神文化的优良传统。我们党培育形成的伟大精神世界，气吞山河，恢宏灿烂，早已深深融入我们党、国家、民族、人民的血脉之中，为我们立党兴党强党提供了丰厚滋养，为中华民族的复兴提供了强大动力。

习近平总书记指出，当今中国正处于实现中华民族伟大复兴关键时期，国家强盛、民族复兴需要物质文明的积累，更需要精神文明的升华。中华民族优秀传统文化、我们党的精神财富决不能削弱，更不能丢掉。在前行的道路上，我们千万不能丢掉革命加拼命的精神，决不能丢掉谦虚谨慎、戒骄戒躁、艰苦奋斗、勤俭节约的传统，决不能丢掉不畏强敌、不惧风险、敢于斗争、勇于胜利的意志和勇气，必须用党在百年奋斗中形成的伟大精神滋养、激励党员和人民，以更加昂扬的精神状态做好党和国家各项工作，推动各项事业的新发展。

在百年奋斗征程中，中国共产党锤炼了不畏强敌、不惧风险、敢于斗

---

1. 习近平：《在党史学习教育动员大会上的讲话》，北京：人民出版社，2021年版，第19页。
2. 中共中央宣传部：《中国共产党的历史使命与行动价值》，《人民日报》2021年8月27日，第1版。

争、敢于胜利的血气和风骨，这种精神意志品质是我们党一个鲜明的特质和优势，也是我们党具有精神意志上的先进性的集中体现。中国共产党人始终在不怕牺牲、英勇斗争的精神意志和优良作风上占据着制高点，党的感召力、号召力、组织力和领导力，是同党的这种顽强奋斗的精神风骨紧紧联系在一起的。中国共产党以奋斗铸就历史辉煌，也必将以奋斗创造美好未来。

## 五、伟大建党精神与党组织的先进性

党的先锋队性质决定了党在政治品质和精神意志上的先进性，而党培育和形成的伟大精神又不断锤炼着党的先锋队性质，推动党的先进性建设与时俱进，随着实践发展而不断丰富完善。

马克思主义政党从来都坚持党由工人阶级中觉悟的、先进的分子组成，是无产阶级的先锋队组织，而不是其他一般性的社会组织。中国共产党从一开始就十分重视党的阶级阶层的先进性，党集聚的是一大批工人阶级中具有共产主义觉悟的先进分子，党首先是中国工人阶级的先锋队。中国共产党作为马克思主义政党，其先进性不但要体现在思想理论、宗旨使命和意志品行风范上，而且还要从组织性质和党员队伍质量上体现出来。党的先进性必须通过党组织和党员队伍的先进性来保证。同时，我们党的组织的先进性又是具有广泛社会阶层基础的。因为，中国共产党既是中国工人阶级的先锋队，又是中国人民和中华民族的先锋队。我们党从一开始就是作为最先进的阶级——工人阶级的政党登上历史舞台的，党始终注重在工人和其他劳动人民中发展党员，同时也十分注重在社会各个阶级阶层，包括知识分子阶层和新的社会阶层的先进分子中发展党员，在社会各个领域、各个行业中建立党的组织。这就决定了中国共产党具有最广泛的社会基础和人民性。

无论在革命、建设、改革实践还是全面推进中国特色社会主义事业实践中，中国共产党始终是推动和引领历史发展的领导核心。正如《中国共产党章程》指出:"中国共产党是中国工人阶级的先锋队,同时是中国人民和中华民族的先锋队,是中国特色社会主义事业的领导核心,代表中国先进生产力的发展要求,代表中国先进文化的前进方向,代表中国最广大人民的根本利益。党的最高理想和最终目标是实现共产主义。"[1] 这是我们党对党的先锋队性质的科学总结。

党要保持先锋队性质,发挥先进性作用,就必须旗帜鲜明地讲政治,坚持正确的政治方向,确保党在风云变幻和任何风险挑战中始终保持马克思主义政党的政治属性和政治本色,确保坚持正确的政治纲领、政治路线和政治目标,确保党政治上的先进性;必须巩固阶级阶层基础,扩大群众社会基础,确保党始终成为中国社会先进分子组成的先锋队;必须在实践中形成坚强的领导核心,自觉地维护党中央权威和集中统一领导,坚定地维护党的领袖党中央的核心和全党的核心地位,确保党中央权威和集中统一领导;必须坚持马克思主义科学真理,结合时代实践,不断开辟马克思主义中国化新境界,确保用马克思主义中国化先进理论指导党的事业;必然坚持一切为了人民、不负人民、永远同人民在一起这个根本宗旨,确保党为人民利益而奋斗的先进本质;必须坚持党要管党、全面从严治党、用铁的纪律和高严的要求不断加强自身建设、推进自我革命,确保把党建设成为彰显先进性、体现纯洁性的先锋队;必须坚持伟大建党精神这一鲜明特质,赓续红色血脉,筑牢精神长城,确保党在精神意志和品行风范上的先锋队作用。

党的先锋队性质和模范作用,体现在党的全部实践活动和自身建设的各个方面,包括党的思想理论和精神力量建设。显然,党的先锋队性质和党的伟大建党精神是完全契合的,党组织和党员的先锋队性质内在地包含着理想信念、思想觉悟、目标追求、价值取向、意志品格、行为风范等精神上的先进性,而伟大建党精神及其一系列红色精神就浸透在党组织和党员的全部实践活动中。

---

1.《中国共产党章程》(中国共产党第二十次全国代表大会部分修改,2022年10月22日通过)。

总之，党的先锋队性质决定了党在精神品质上的先进性，而党在实践活动中形成的伟大精神又鲜活地体现了党的先锋队性质，并滋养、强化和丰富着党的先进性建设。没有党的伟大精神建设，党就不可能成为真正强大的先锋队组织。只有坚持不懈地弘扬伟大建党精神，创造一系列具体而鲜活的伟大精神，才能确保和发挥我们党的先锋队作用，使党永远走在前列，引领各族人民创造新的历史发展奇迹。

## 六、伟大建党精神与党员模范作用的先进性

党的先进性和伟大建党精神，归根结底是要通过每个党员和各级领导干部的表率作用体现出来的。伟大建党精神及其精神谱系形成于党员为党和人民事业牺牲奋斗的实践之中，同时又激励广大党员和干部发挥自己的先锋模范作用。

我们党是按照自己的纲领、章程和民主集中制原则组织起来的统一整体。民主集中制是党的根本组织原则和组织制度，也是党的根本领导制度和工作制度。因而党对其成员必然有相应的标准条件和规范要求，党员对党组织也有相应的权利和义务。其中，党组织对每个党员最基本的要求或者说党员对党组织的最基本义务，就是要"对党忠诚、不负人民"。对党忠诚、永不叛党，从党诞生起，就是对党员最起码、最基本的要求，作为党对党员入党的基本条件和基本组织纪律，也是党员对党的最基本义务和党性的最基本行为道德准则。对党忠诚是坚持科学真理、坚定理想信念的最好诠释，也是践行党的初心使命和党的先锋模范作用的最好证明。

党性与人民性、对党忠诚和不负人民，是高度统一的。我们党所奋斗的一切都是为了人民的根本利益。对党忠诚、为党的事业而奋斗，就是忠诚于人民和人民的事业。忠诚于党的事业，归根结底是要表现在为人民谋利、为人民做事、为人民造福的实际行动上。党员作为社会群众中的先进分子及其表现出来的先锋模范作用，就在于不辜负党和人民，实实在在地为人民做事谋利。一切损害人民利益的言行都不符合党员的基本要求，都是党和人

民所要反对的。对共产党员来说，党的先进性要求和个人人生追求也是完全一致的。为党和人民事业拼搏奉献，就是把忠诚报国、履职尽责作为人生目标。不畏艰险、敢于牺牲，苦干实干、不屈不挠，就充分展示了我们共产党人无私无畏的奉献精神和坚韧不拔的斗争精神。

共产党员既来自人民又有先进性，既保持先进性又不失人民本色。中国共产党党员就是这样一群既普通又不普通的中国人。说是"普通的人"，因为党员来自人民、扎根人民，要实实在在做好自己的本职工作；说是"不普通的人"，因为党员是群众中的先进分子，要在群众中起先锋模范和引领作用，特别在党和人民事业需要的时候，还要义无反顾地牺牲自己，要有彻底的革命忘我气概、无私无畏的革命风范、忠于组织和人民的高尚品行、不怕流血牺牲和顽强拼搏的坚强意志。这就要求共产党员是由"特殊材料"铸就的"特殊的人"，也是党员和领导干部党性觉悟、心灵品行保持先进性的重要表现。心中有理想信仰和精神支柱，脚下才会有坚实的行动力量。共产党员将对马克思主义的信仰、对中国特色社会主义的信念作为自己的毕生追求，永远信党爱党为党，执着的为民情怀，崇高的奉献精神，坚韧的奋斗意志，最终都要落实在行动上，体现在为党和人民事业奉献自己的一切的不懈奋斗过程中，体现在各自的岗位上顽强拼搏，不断把党和人民的事业推向前进中。

## 七、用伟大建党精神滋养党的先进性建设

回顾百年历史，中国共产党向人民交出了一份彪炳史册的优异答卷。现在，在习近平新时代中国特色社会主义思想指引下，中国共产党团结带领中国人民又昂首挺胸踏上了实现第二个百年奋斗目标的新的"赶考"之路。

马克思主义政党的先进性和纯洁性不是随着时间推移而自然保持下去的，共产党员的党性和先进性素养也不是随着党龄增长和职务提升而自然提高的。党的执政和践行初心使命过程，推进党自身先进性建设过程，实质上就是一个不断"赶考"的过程。"赶考"只有分号而无句号。取得执政权不

易,巩固和发展政权更为艰难,因为这是一个丝毫不能松懈的长期的严峻考题。"赶考"就是赶人民之"考"。人民是阅卷人、评卷人,我们党的"考卷"主题永远是人民利益、人民幸福。中国共产党所奋斗的一切,为了人民幸福和民族复兴大业,不仅要占据着科学真理的制高点,还要始终占据着人民道义的制高点。人民就是我们党的立足之根,是我们党的执政之基。离开了人民和人民的力量,我们党不但一事无成,而且势必政息人亡。因此,我们要结合新时代新实践,不断深化对人民是党的生命根基的认识,在全部执政活动中体现好、维护好、发展好人民的利益。

走好"赶考"路,不负人民,为民执好政,向人民交出优异答卷,让人民满意高兴,最重要的是在于坚持和发展中国特色社会主义事业,坚持以人民为中心的发展思想,全面落实新发展理念,不断推动物质文明、政治文明、精神文明、社会文明、生态文明协调发展,让人民群众在现代化建设事业进程中得到更多更全面的实际利益,让人民群众的生活水平不断提升,生活质量不断改善。在党和政府的全部工作实践中,要想群众之所想,急群众之所急,解群众之所难,办群众想办之事,一心一意推进社会经济新发展,全心全意为百姓谋利造福,以实际行动诠释共产党人"我将无我,不负人民"的崇高情怀。全党同志务必践行以人民为中心的发展思想,发展全过程人民民主,维护社会公平正义,不断解决好发展不平衡不充分问题和人民群众急难愁盼问题,推动人的全面发展、全体人民共同富裕取得更为明显的实质性进展,更好地满足人民群众对美好生活的向往。

加强党的先进性建设始终是一个长期的课题。每个党组织和每个党员都要自觉加强党性修养,不断用包括伟大建党精神在内的党性要求严格锤炼品行,不负党和人民事业。伟大建党精神哺育了一代又一代共产党人,又在一代又一代共产党人发挥先锋模范作用中得到了延续和升华。中国共产党人在伟大实践中形成的伟大精神,集中体现了马克思主义政党本色,深刻揭示了中国共产党的先进性本质,生动诠释了中国共产党是一个什么性质的政党,科学回答了中国共产党先进性的内在依据。伟大建党精神集中展现了党的鲜明特质和品格,是我们党区别于其他政党的独特精神标识,是攻坚克难、砥砺奋进的强大动力,也是激励各族人民为实现中华民族伟大复兴而拼搏奋斗的澎湃力量。在未来新的征程上,中国共产党人要坚定不移地把伟大建党精神传承下去,发扬光大,永葆党的先进性、纯洁性,继续走好实现第二个百年奋斗目标的"赶考"之路,不断拓展中国式现代化文明发展道路,努力在坚持和发展中国特色社会主义伟大进程中创造无愧于历史、无愧于人民、无愧于时代的辉煌业绩。

# 05 第五篇 伟大建党精神深刻诠释了人民至上的根本立场

> 中国共产党的百年历史,就是一部坚持人民至上、践行初心使命、与人民同呼吸共命运的历史。我们党从诞生那天起,就把为中国人民谋幸福、为中华民族谋复兴作为自己的初心使命,并为此而不懈奋斗。说到底,中国共产党就是一个为中国人民谋利益谋幸福、全心全意为人民服务的先进政党。人民至上、人民利益、人民幸福、人民立场、人民力量,是党的生存根基、执政根本和奋斗前行的根本动力。伟大建党精神中的"践行初心、担当使命",集中彰显了我们党的这一本质属性和政治品质。

## 一、深刻诠释了党全心全意为人民服务的性质宗旨

伟大建党精神集中彰显了中国共产党的根本性质和政治品质,而"践行初心、担当使命"更集中诠释了我们党建党立党的性质宗旨。坚持人民至上、人民立场是我们党坚定不移的根本原则。坚持全心全意为人民服务,任何时候都要把人民群众的利益放在首位,与人民群众同甘共苦,保持最密切的联系,是由我们党的性质宗旨决定的,也是我们党成功的关键所在。

中国共产党是在马克思主义理论指导下建立和发展起来的政党。马克思主义实质上是关于人类自由解放的理论,人民性是马克思主义最鲜明的特质,也是我们党最鲜明的本

质属性。习近平总书记指出:"党的根基在人民、血脉在人民、力量在人民。"[1]民心是最大的政治,正义是最强的力量。人民力量是我们党的最根本力量,人民生活幸福是我们党最根本的立足点,人民是党执政兴国的最大底气。我们党的最大政治优势是密切联系群众。坚持立党为公、执政为民,就要把人民对美好生活的向往作为始终不渝的奋斗目标。习近平总书记指出,"以百姓心为心,与人民同呼吸、共命运、心连心,是党的初心,也是党的恒心"[2]。以民心为党的初心、党的恒心,党心与民心的统一,是我们党的底色、本色和亮色,也是我们党始终立于不败之地的根基所系。

中国共产党是代表人民根本利益、为人民谋幸福的政党。《共产党宣言》阐明了共产党人为无产阶级和绝大多数劳动者而斗争的政治立场和主张,明确指出:"过去的一切运动都是少数人的,或者为少数人谋利益的运动。无产阶级的运动是绝大多数人的,为绝大多数人谋利益的独立的运动。"[3]作为马克思主义政党,中国共产党始终代表最广大人民的根本利益,与人民休戚与共,生死相依,没有任何自己特殊的利益,也从来不代表任何利益集团、任何权势团体、任何特权阶层的利益。从诞生那天起,我们党所做的一切努力、所付出的一切牺牲,都是为了人民。中国共产党来自人民,为了人民,党没有自己任何特殊利益,也绝不允许任何特权利益群体存在,坚决反对和消除任何损害人民利益的现象存在。任何想把中国共产党同中国人民分割开来、对立起来的企图,都是绝不会得逞的。

人民群众从中华民族近代历史和党的百年奋斗历史,以及自己现实生活实实在在的变化中,都能深切地感受到,中国共产党带领中国人民以不怕

---

1.《中共中央关于党的百年奋斗重大成就和历史经验的决议》,北京:人民出版社,2021年版,第66页。

2.中共中央党史和文献研究院、中央"不忘初心、牢记使命"主题教育领导小组办公室编:《习近平关于"不忘初心、牢记使命"论述摘编》,北京:中央文献出版社、党建读物出版社,2019年版,第17页。

3.马克思、恩格斯:《共产党宣言》,北京:人民出版社,2014年版,第39页。

牺牲、英勇顽强的不懈奋斗,深刻地改变了近代以后中华民族发展的方向和进程,深刻地改变了中国人民和中华民族的前途和命运,深刻地改变了世界发展的趋势和格局。正是在中国共产党的坚强领导下,中国人民站起来了,中华民族任人宰割、饱受欺凌的时代一去不复返了,中华民族终于迎来了从站起来、富起来到强起来的伟大飞跃,实现中华民族伟大复兴进入了不可逆转的历史进程。

历史一再证明,只有中国共产党才能领导人民获得解放和实现当家作主;只有社会主义才能救中国,只有中国特色社会主义才能发展中国。没有中国共产党,就没有新中国,就没有中华民族伟大复兴。近代以来,中华民族的复兴、中国人民的命运与中国共产党的坚强领导、英勇奋斗是紧紧联系在一起的。中国人民真心实意地认可、拥护中国共产党,并坚定地团结在中国共产党周围,在党的坚强领导下去创造自己更加美好的生活。为中国人民谋幸福、为中华民族谋复兴,也是激励中国共产党人接续奋斗前进的根本动力。

中国共产党的诞生、成长和奋斗进程,就是为中国人民谋幸福、为中华民族谋复兴的历史。正如习近平总书记深刻指出,一百年来,中国共产党团结带领中国人民进行的一切奋斗、一切牺牲、一切创造,归结起来就是一个主题:实现中华民族的伟大复兴。实现中华民族伟大复兴,是中国人民根本利益之所在,是我们党全心全意服务人民的集中体现,是我们党坚定不移的伟大使命。

## 二、深刻诠释了党坚持人民至上的唯物史观和价值观

从马克思主义哲学世界观上讲,"践行初心、担当使命"集中诠释了人民至上的唯物史观和价值观。人民至上,是马克思主义唯物史观和共产党人价值观的集中体现,是习近平新时代中国特色社会主义思想的鲜明品格。

人民,只有人民,才是历史的创造者,是真正的英雄。马克思主义认为,社会历史是追求着自己目的的人的活动历史,在这种历史活动中,人民群众

是创造历史的主体。人类社会的文明进步归根到底是人民创造的。同样,实现中华民族伟大复兴,归根到底要靠中国人民自己的英勇奋斗。人民性是马克思主义理论和共产党人世界观的本质特征。伟大建党精神彰显了人民创造历史、人民是真正英雄的唯物史观,诠释了人民至上、人民利益高于一切的共产党人的基本价值取向。

中国人民是社会主义中国的主人。坚持人民至上,践行初心使命,我们首先要从人民是社会一切权益的主人的政治高度来深刻把握,并把人民主体、人民至上原则贯彻落实到治国理政的各个领域和社会发展的全部过程。我国是工人阶级领导的、以工农联盟为基础的人民民主专政的社会主义国家,国家的一切权力来自人民、属于人民、服务人民。习近平总书记指出:"人民当家作主是社会主义民主政治的本质和核心。"[1]"尊重人民主体地位,保证人民当家作主,是我们党的一贯主张。"[2]我们必须坚持和落实人民的主体地位。我国社会主义民主是维护人民根本利益的最广泛、最真实的民主。各级国家机关工作人员,不但是人民中的一部分或一个分子,更根本的是为人民服务的公仆。发展社会主义民主政治就要体现人民意志、保障人民权益、激发人民创造活力,用制度体系、法律规则等从根本上保证人民当家作主。我们必须不断推进国家治理体系和治理能力现代化,按照人民意志和社会发展规律全面依法治国,不断完善人民当家作主的制度体系,确保人民依法通过各种途径和形式管理国家事务,管理经济文化事业,管理社会事务,使人民当家作主的主体地位和权利得到充分体现。

坚持人民至上,尊重人民历史主体地位,保障人民当家作主,实现人民根本政治权益,是马克思主义唯物史观和价值观的集中体现,是我们党不懈奋斗的价值目标和使命。

---

1. 习近平:《在庆祝全国人民代表大会成立60周年大会上的讲话》,北京:人民出版社,2014年版,第7页。
2. 习近平:《在庆祝中国共产党成立95周年大会上的讲话》,北京:人民出版社,2016年版,第19页。

## 三、深刻诠释了党以人民为中心的发展思想

"践行初心、担当使命",同样蕴含和集中诠释了党的以人民为中心的发展思想。中国共产党所做的一切,归根到底是为了人民的利益和幸福。在党执政后,坚持人民至上和人民立场,重要的是把这些原则和立场,具体落实到发展和实现人民的日常生活利益上来。

在革命战争时代,我们党是为人民打江山,为人民夺取政权,为人民建立政权。党执政后,就要把人民生活幸福作为"国之大者",把发展经济、满足广大人民经常性的生活利益需求作为工作的重心。如果不能很好地维护和实现人民日益增长的生活和发展需求,不努力为人民多办实事好事,党就会脱离人民,就会失去生存和前行的根基,就会丧失自己的先进性,就不可能为人民执好政,甚至会有亡党亡国的危险。因此,必须牢固树立以人民为中心的发展思想,坚定地把"人民对美好生活的向往"作为党和国家工作的奋斗目标。

追求美好生活是人民群众最大的利益所在,也是我们党矢志不移的执政目标。习近平总书记指出:"我们的目标很宏伟,但也很朴素,归根结底就是让全体中国人都过上更好的日子。"[1] 在党的十八届五中全会上,我们党首次明确提出了以人民为中心的发展思想。这是坚持"人民至上"唯物史观和价值取向在发展观、现代化观上的创造性运用。正如习近平总书记指出:"只有坚持以人民为中心的发展思想,坚持发展为了人民、发展依靠人民、发展成果由人民共享,才会有正确的发展观、现代化观。"[2]

《淮南子》中说:"治国有常,而利民为本。"党的十八大以来,以习近平同志为核心的党中央把脱贫攻坚作为全党一项重中之重的工作任务。经过

---

[1] 习近平:《习近平谈治国理政》第三卷,北京:外文出版社,2020年版,第134页。

[2] 《深入学习坚决贯彻党的十九届五中全会精神 确保全面建设社会主义现代化国家开好局》,《人民日报》2021年1月12日,第1版。

8年持续奋斗,困扰中华民族几千年的绝对贫困问题得到了历史性解决,全面建成了小康社会,创造了人类减贫史上的奇迹。当前,我国社会主要矛盾已经转化为人民日益增长的美好生活需要和不平衡不充分的发展之间的矛盾。我们要继续坚持以人民为中心的发展思想,不断体现逐步实现共同富裕的发展要求,立足新发展阶段、贯彻新发展理念、构建新发展格局,着力提升发展质量和效益,以期更好地满足人民生活质量日益提高的需要,更好地促进人的全面发展和全体人民共同富裕。

不管前进道路上有多少风险和挑战,我们都必须坚定地落实以人民为中心的发展观,坚持以发展为根本任务,"不畏浮云遮望眼",不被各种干扰所阻,坚定不移地推进高质量发展,全面推进中国特色社会主义现代化建设,不断满足人民更加美好生活的需要。

## 四、深刻诠释了党紧紧依靠人民的群众路线

"践行初心、担当使命"集中诠释了党的群众路线和"人民是阅卷人"的执政理念。得民心者得天下,失民心者失天下。坚持人民立场、人民至上,实现人民利益,满足人民愿望,为人民执好政,为人民创造更美好的生活,重要的是坚定地走群众路线,倾听群众呼声,反映群众愿望,用人民群众满意不满意、高兴不高兴这一根本标准,来衡量我们党和政府的工作。

习近平总书记用十分形象朴实的语言告诉我们:"我们要坚持人民至上,只要是人民群众欢迎、咧嘴笑的事,再难也要干到底;只要是人民群众不高兴、撇嘴的事,就坚决不要干!"[1] 人民是真正的"阅卷人""评判员"。我们党是代表广大人民根本利益的政党,党的执政水平和执政成效不是由自己说了算,人民群众才是我们党和政府工作的最高裁决者和最终评判员。评判的基本标准就是人民的满意度,评判的具体内容就是人民的获得感,评判

---

1.《习近平:只要是人民群众欢迎、咧嘴笑的事,再难也要干到底》,https://www.shantou.gov.cn/stswsj/gkm1pt/content/1/1838/mpost_1838919.html#3521。

的结果就是民心的向背。我们党的一切执政实践活动，无论是出发点还是落脚点，都要坚持走群众路线。群众工作也是我们党的看家本领，我们党是依靠群众工作起家的，同样也要依靠群众工作实现长期执政，依靠人民的力量兴党强党、富民强国。

我们党和政府无论作决策还是抓工作落实，所思所想、所作所行，都要切实贯彻党的群众路线。老百姓是天，老百姓是地。我们党来自人民、扎根人民、服务人民。人民是我们党的立身之本，是我们党的力量所在。忘记了人民，脱离了人民，违背了群众路线，我们党就会成为无源之水、无本之木，就会一事无成，就会失去生命和血脉。只有与人民风雨同舟、生死与共，始终保持血肉联系，我们党才能长期执好政，国家才能长治久安、和谐昌盛。

群众路线是我们党的生命线和根本工作路线，是我们党永葆青春活力和战斗力的重要传家宝。《明夷待访录》道："天下之治乱，不在一姓之兴亡，而在万民之忧乐。"《大学》言："得众则得国，失众则失国。"一个政党、一个政权的前途命运，说到底取决于人民的人心向背。人民是我们党执政的最深厚的基础和最大的底气。与人民风雨同舟、生死与共，始终保持血肉联系，是我们党战胜一切困难和风险的根本保证。习近平总书记反复告诫全党："保持党的先进性和纯洁性、巩固党的执政基础和执政地位靠什么？最重要的就是靠坚持党的群众路线、密切联系群众。"[1]

伟大建党精神中的"践行初心、担当使命"，深刻概括了我们党的本质属性和历史经验，具有很强的针对性和指导性。中国共产党的百年历史，就是一部始终保持同人民群众血肉联系，不断依靠人民群众取得胜利的历史。

---

1.习近平：《习近平谈治国理政》第一卷，北京：外文出版社，2018年版，第367—368页。

# 第六篇 用伟大建党精神滋养广大党员

在庆祝中国共产党成立100周年大会上,习近平总书记精辟概括了以"坚持真理、坚守理想,践行初心、担当使命,不怕牺牲、英勇斗争,对党忠诚、不负人民"为内涵的伟大建党精神,强调"我们要继续弘扬光荣传统、赓续红色血脉,永远把伟大建党精神继承下去、发扬光大"[1]。弘扬伟大建党精神,要求我们深刻认识和把握其科学内涵及其重大意义。我们认为,首先要从党的指导思想、性质宗旨、精神状态等方面去认识和把握伟大建党精神,进而更深刻地认识我们党百年来的发展逻辑和成功密码,更自觉地用伟大建党精神滋养自己、激励自己,更坚定地以昂扬的精神状态做好党和国家各项工作。

---

[1] 习近平:《在庆祝中国共产党成立100周年大会上的讲话》,北京:人民出版社,2021年版,第8页。

## 一、从党的指导思想方面认识和把握

习近平总书记指出:"马克思主义是我们立党立国的根本指导思想,是我们党的灵魂和旗帜。"[1]一百年来,坚持真理、坚守理想激励一代代中国共产党人在腥风血雨中一次次绝境重生,在攻坚克难中不断从胜利走向胜利。

马克思主义是科学的理论、人民的理论、实践的理论、不断发展的开放的理论。它深刻揭示了自然界、人类社会、人类思维发展的普遍规律,为人类指明了从必然王国向自由王国飞跃的途径,是"对"的理论;它站在人民的立场探求人类自由解放的道路,指明了依靠人民推动历史前进的人间正道,是"好"的理论;它具有鲜明的实践品格,一经问世就为人民认识世界、改造世界提供了强大的思想武器,是"行"的理论;它始终站在时代前沿,不断探索时代和实践发展提出的新课题、回应人类社会面临的新挑战,是"活"的理论。尽管我们所处的时代同马克思所处的时代相比发生了巨大而深刻的变化,但从世界社会主义五百年的大视野来看,我们依然处在马克思主义所指明的历史时代。

把坚持马克思主义和发展马克思主义统一起来,结合新的实践不断作出新的理论创造,是马克思主义永葆生机活力的奥妙所在。中国共产党从诞生之日起,就把马克思主义鲜明地写在自己的旗帜上。一百年来,我们党坚持把马克思主义基本原理同中国具体实际相结合、同中华优秀传统文化相结合,创立了毛泽东思想、邓小平理论,形成了"三个代表"重要思想、科学发展观,创立了习近平新时代中国特色社会主义思想,指导党和人民事业不断开创新局。中国共产党为什么能,中国特色社会主义为什么好,归根到底是因为马克思主义行。党的百年奋斗史,就是不断推进马克思主义中国化时代化的历史,就是不断推进理论创新、进行理论创造的理论探索史。

---

1.习近平:《在庆祝中国共产党成立100周年大会上的讲话》,北京:人民出版社,2021年版,第12页。

习近平新时代中国特色社会主义思想是当代中国马克思主义、二十一世纪马克思主义，是中华文化和中国精神的时代精华，实现了马克思主义中国化新的飞跃。在当代中国，坚持和发展习近平新时代中国特色社会主义思想，就是真正坚持和发展马克思主义。在新征程上，坚持真理、坚守理想，就要坚持以习近平新时代中国特色社会主义思想武装头脑、指导实践、推动工作，不断推进马克思主义中国化时代化大众化，不断开辟马克思主义发展新境界。

## 二、从党的性质宗旨方面认识和把握

中国共产党是中国工人阶级的先锋队，同时是中国人民和中华民族的先锋队，全心全意为人民服务是党的根本宗旨。来自人民、依靠人民、为了人民，是我们党一百年来的发展逻辑和胜利密码。

代表多数人还是少数人，是马克思主义政党与其他政党的根本区别。《共产党宣言》庄严宣告："过去的一切运动都是少数人的，或者为少数人谋利益的运动。无产阶级的运动是绝大多数人的，为绝大多数人谋利益的独立的运动。"[1] 作为人民的理论，马克思主义第一次站在人民的立场探求人类自由解放的道路，创立了人民实现自身解放的思想体系。人民性是马克思主义最鲜明的品格，人民立场是马克思主义政党的根本政治立场。

作为马克思主义政党，中国共产党的性质宗旨决定了党始终坚持尊重社会发展规律和尊重人民历史主体地位的一致性、为崇高理想奋斗和为最广大人民谋利益的一致性、完成党的各项工作和实现人民利益的一致性。一百年来，我们党始终牢记初心使命，始终保持马克思主义政党的政治本色，站在历史正确的一边，站在人类进步的一边，站在人民的一边，与群众有福同享、有难同当，有盐同咸、无盐同淡，不断赢得人民信任、得到人民支持。坚持一切为了人民、一切依靠人民，充分发挥广大人民群众积极性主动性创

---

1. 马克思、恩格斯：《共产党宣言》，北京：人民出版社，2014年版，第39页。

造性，我们党执政就有了最大底气，就能不断把为人民造福事业推向前进。党的十八大以来，以习近平同志为核心的党中央解决了许多长期想解决而没有解决的难题，办成了许多过去想办而没有办成的大事，归根结底就在于我们党始终坚持以人民为中心的发展思想，用党的初心使命对照检查各项工作，把人民幸福镌刻在通向中华民族伟大复兴的里程碑上。

初心就是力量，使命就是方向。我们党的百年历史，就是一部践行党的初心使命的历史，就是一部党与人民心连心、同呼吸、共命运的历史。在新征程上，必须始终牢记初心使命，始终对党忠诚，毫不动摇地坚持以人民为中心的发展思想，着力解决发展不平衡不充分问题和人民群众急难愁盼问题，推动人的全面发展、全体人民共同富裕取得更为明显的实质性进展，为人民过上美好生活、实现共同富裕而接续奋斗、艰苦奋斗、不懈奋斗。

## 三、从党的精神状态方面认识和把握

习近平总书记强调："全党同志要用党在百年奋斗中形成的伟大精神滋养自己、激励自己，以昂扬的精神状态做好党和国家各项工作。"[1] 一百年来，我们党没有躺在功劳簿上沉湎过去，没有因为取得的成绩松弛懈怠，没有在喝彩声、赞扬声中丧失斗志，始终坚持弘扬伟大建党精神，保持了昂扬奋进的精神状态。

回望百年，我们党所经历的困难与风险世所罕见，其中有危难之际的绝处逢生，有挫折之后的毅然奋起，有失误之后的拨乱反正，有磨难面前的百折不挠。永远弘扬伟大建党精神，始终保持昂扬的精神状态，是我们党在艰苦复杂的环境中取得伟大成就的关键所在。革命战争年代，我们党能够从小到大、由弱变强、愈挫愈奋、百折不挠，革命乐观主义精神和朝气蓬勃的革命斗志发挥了重要作用；中华人民共和国成立后，面对复杂的国际国内形势

---

1.《用好红色资源赓续红色血脉 努力创造无愧于历史和人民的新业绩》，《人民日报》2021年6月27日，第1版。

和各种困难挑战，全党全国各族人民以奋发有为的精神状态投入生产恢复和社会主义现代化建设，改变了旧中国"一穷二白"、千疮百孔的落后面貌，取得社会主义革命和建设的伟大胜利；党的十一届三中全会以来，我们党以"杀出一条血路来"的气魄、"摸着石头过河"的胆识、"敢闯敢试敢为天下先"的勇气，坚定不移地推进改革开放，社会主义现代化建设取得举世瞩目的伟大成就；党的十八大以来，我们推进全面从严治党，勇于进行自我革命，以排山倒海之势正风肃纪，以雷霆万钧之力反腐惩恶，直击积弊、扶正祛邪，党的建设新的伟大工程呈现出崭新局面。伟大建党精神为一代又一代中国共产党人提供精神支柱和动力源泉。我们党之所以历经百年而风华正茂、饱经磨难而生生不息，就是凭着那么一股革命加拼命的强大精神。

党的十八大以来，以习近平同志为核心的党中央对于全党的精神状态作出过很多重要论述、提出过很多重要要求，如"以永不懈怠的精神状态和一往无前的奋斗姿态，继续朝着实现中华民族伟大复兴的宏伟目标奋勇前进"[1]，"以一往无前的奋斗姿态、风雨无阻的精神状态，改革不停顿，开放不止步，在更高起点上推进改革开放"[2]，"全党同志要始终保持锐意进取、永不懈怠的精神状态和敢闯敢干、一往无前的奋斗姿态"[3]等。当今中国正处于实现中华民族伟大复兴关键时期，国家强盛、民族复兴需要物质文明的积累，更需要精神文明的升华。党的伟大精神和光荣传统是我们的宝贵精神财富，是激励我们奋勇前进的强大精神动力。我们党始终保持昂扬的精神状态，能够充分激发全党全国各族人民干事创业的责任感、使命感、荣誉感，汇聚

---

1. 习近平：《决胜全面建成小康社会　夺取新时代中国特色社会主义伟大胜利——在中国共产党第十九次全国代表大会上的报告》，北京：人民出版社，2017年版，第1页。

2. 习近平：《在深圳经济特区建立40周年庆祝大会上的讲话》，北京：人民出版社，2020年版，第6—7页。

3. 《树牢"四个意识"坚定"四个自信"　坚决做到"两个维护"勇于担当作为　以求真务实作风把党中央决策部署落到实处》，《人民日报》2018年12月27日，第1版。

更强大的力量推进全面建设社会主义现代化国家。

  伟大事业孕育伟大精神，伟大精神引领伟大事业。踏上实现第二个百年奋斗目标新的"赶考"之路，我们必须大力弘扬伟大建党精神，凝聚风雨无阻向前进、越是艰险越向前的奋进动力。在新征程上，决不能丢掉革命加拼命的精神，决不能丢掉谦虚谨慎、戒骄戒躁、艰苦奋斗、勤俭节约的传统，决不能丢掉不畏强敌、不惧风险、敢于斗争、勇于胜利的勇气。每一名党员、干部要发扬党的光荣传统、赓续红色血脉，用伟大建党精神滋养党性修养，坚定理想信念，不断提高政治判断力、政治领悟力、政治执行力，胸怀"国之大者"，始终保持自力更生、艰苦奋斗的政治本色，以实际行动诠释对党忠诚的政治品格、为民造福的情怀和追求，以永不懈怠的精神状态和一往无前的奋斗姿态攻坚克难、奋勇前进。

# 07 百年奋斗锻造了走在时代前列的中国共产党

第七篇

党的十九届六中全会审议通过的《中共中央关于党的百年奋斗重大成就和历史经验的决议》(以下简称《决议》),从五个方面科学总结了党百年奋斗的历史意义:从根本上改变了中国人民的前途命运、开辟了实现中华民族伟大复兴的正确道路、展示了马克思主义的强大生命力、深刻影响了世界历史进程、锻造了走在时代前列的中国共产党。这是新时代中国共产党人站在中华民族伟大复兴进程和人类社会文明发展高度,对自己百年奋斗重大成就所作的宏阔而理性的历史性检视和评价,而把百年奋斗"锻造了走在时代前列的中国共产党"作为其重大历史意义之一,更是深刻反映了新时代中国共产党人高度的历史自信,集中体现了新时代中国共产党人始终走在时代前列和接续走好新的"赶考"路的使命担当。我们要全面正确理解"走在时代前列的中国共产党"的丰富内涵,结合时代实践不断推进党的"伟大工程"建设,确保党始终走在时代前列,始终成为坚持和发展中国特色社会主义事业的坚强领导核心。

## 一、"走在时代前列"的丰富内涵

中国共产党在团结带领全国各族人民为争取民族独立、人民解放和实现国家富强、人民幸福而不懈奋斗的实践中,以高度的历史自觉和使命担当,高度重视加强党的自身"伟大工程"建设和自我革命,锻造出了一个始终走在时代前列的百年大党。

中国共产党由成立时只有 50 多名党员,发展到今天已成为拥有 9600 多万名党员、领导着 14 亿多人口的大国、具有重大全球影响力的世界第一大执政党。那么,中国共产党为什么能从小到大、由弱到强,成为一个充满活力的大党呢?一个最根本的原因,就是能深刻把握时代发展趋势,引领时代向前发展,从而能始终走在时代发展前列。

"走在时代前列"有着丰富而深刻的含义。"时代前列"是由世界发展大趋势和本国本民族发展趋向相结合而成的时代发展潮流。一个政党要想走在时代前列,起码要做到以下几点:

一是必须正确认识和把握历史发展客观规律。因为,只有顺应时代发展潮流,才能自觉走在时代前列。这就需要党必须有科学的思想理论指引,不断推进理论创新。

二是必须反映和代表历史发展主体——人民群众的根本利益。因为,只有紧紧依靠人民的意志和力量,才能形成走在时代前列的强大动力。这就需要党必须有鲜明的性质宗旨,不断实现人民利益。

三是必须积极引领和推进时代向前发展。因为,只有自觉有为地去引领时代发展,才能积极主动地走在时代前列。这就需要党必须成为坚强有力的组织者、领导者,不断带领人民开拓奋进。

四是必须探索和确定推进时代发展的正确道路和途径。因为,只有实际解决时代发展的矛盾和问题,才能切实可行地走在时代前列。这就需要党必须根据不同历史阶段的主要矛盾和重大时代课题,确定正确的奋斗目标和任务,制定正确的路线和策略,积极有效地推进时代发展。

认识时代发展趋势，把握时代发展规律，掌握时代发展矛盾，回答时代发展课题，解决时代发展问题，引领时代发展，才能走在时代前列。习近平总书记指出："时代是出卷人，我们是答卷人，人民是阅卷人。"[1]百年来，中国共产党团结带领人民正确地认识和回答了时代"问卷"，中国人民和波澜壮阔的百年历史进程，也给我们党作出了客观公正的满意评价。

"走在时代前列"生动反映了党百年奋斗的真实轨迹。在百年征程的不同历史发展阶段，党坚信共产主义理想信念，坚持不懈地推进马克思主义中国化时代化，紧紧把握实现中华民族伟大复兴这个历史主题，始终站在时代发展潮头，主动发挥领导作用，确定奋斗目标和正确道路，组织动员、团结带领人民群众为中华民族的历史命运去拼搏奋斗，不断把革命、建设、改革和新时代伟大事业推向前进。在新民主主义革命时期，顺应反帝反封建，民族要独立、人民要解放的时代潮流，我们党带领人民浴血奋战、百折不挠，建立了伟大的新中国，实现了中国从几千年封建专制政治向人民民主的伟大飞跃，为实现中华民族伟大复兴创造根本社会条件。在社会主义革命和建设时期，顺应从新民主主义到社会主义转变的时代任务，我们党带领人民自力更生、发愤图强，确立了社会主义制度，大规模地开展社会主义建设，为实现中华民族伟大复兴奠定了根本政治前提和制度基础，实现了一穷二白、人口众多的东方大国大步迈进社会主义社会的伟大飞跃。在改革开放和社会主义现代化建设新时期，顺应解放和发展社会生产力、使人民尽快摆脱贫困和富裕起来的时代要求，我们党带领人民解放思想、锐意进取，开创和发展了中国特色社会主义，推进了中华民族从站起来、富起来到强起来的伟大飞跃。

党的十八大以来，顺应实现第一个百年奋斗目标，开启实现第二个百年奋斗目标新征程，朝着实现中华民族伟大复兴的宏伟目标继续迈进的时代

---

1.中共中央党史和文献研究院、中央"不忘初心、牢记使命"主题教育领导小组办公室编：《习近平关于"不忘初心、牢记使命"论述摘编》，北京：中央文献出版社、党建读物出版社，2019年版，第37页。

使命,我们党带领人民自信自强、守正创新,在中华大地上全面建成小康社会目标如期实现,党和国家事业取得历史性成就、发生历史性变革,彰显了中国特色社会主义的强大生机活力,党心军心民心空前凝聚振奋,为实现中华民族伟大复兴提供了更为完善的制度保证、更为坚实的物质基础、更为主动的精神力量,中华民族迎来了从站起来、富起来到强起来的伟大飞跃,实现中华民族伟大复兴进入了不可逆转的历史进程。

## 二、历史自信和历史担当的生动写照

党的十九届六中全会审议通过的《决议》在回顾总结党的百年历史进程和重大成就的基础上,以宏阔深远视野,对党的百年奋斗的历史价值和历史意义作了高度提炼概括,极富历史深度和理论高度。

《决议》从五个方面总结的党百年奋斗历史意义是一个有机整体,而"锻造了走在时代前列的中国共产党"则有着独特的重要地位。《决议》指出:党的百年奋斗从根本上改变了中国人民的前途命运,开辟了实现中华民族伟大复兴的正确道路,展示了马克思主义的强大生命力,深刻影响了世界历史进程,锻造了走在时代前列的中国共产党。《决议》概括归纳的这五大历史意义,体现了民族(国家)历史发展逻辑与政党实践活动的高度统一。从一个民族历史发展逻辑讲,最基本的活动结构是:历史活动主体及其根本利益实现(唯物史观认为,人民是历史活动的主体和根本动力)如何;历史活动客体及其演变状况(国家或民族经济、政治、文化、社会等)如何;历史活动形态方式(历史主体与历史客体中介互动的实践方式、道路等)如何;历史活动时空拓展延伸,即本国历史活动对人类社会及其未来历史的影响如何;历史活动的组织引领(包括思想理论引领)如何。从一个政党的历史活动逻辑来说,最基本的活动结构是:政党的性质宗旨维度如何,也就是代表谁的根本利益和依靠谁去实现;政党的理想目标维度如何,也就是把国家和社会引向哪里;政党主张的道路方式维度如何,也就是通过什么样的道路和方式去实现目标;政党的世界眼光维度如何,也就是政党如何处理本国本民族发展与世界发展的关系；政党的组织领导维度如何，也就是政党自身的组织领导能力建设。

中国共产党百年历史实践活动既充分体现了一般历史活动逻辑和政党实践活动逻辑的普遍规律，又有着区别于其他政党的鲜明特点，这就是中国共产党的历史活动性质及党领导下推进中华民族复兴的历史进程，是顺应时代发展潮流和劳动人民根本利益、沿着历史进步方向发展自觉的历史实践活动。中国共产党的性质宗旨、初心使命，就是人民至上，全心全意为人民服务、为中国人民谋利益、为中华民族谋复兴。党的目标理想，就是马克思主义指引的社会主义、共产主义。党实现初心使命、目标理想的方式和道路，就是在马克思主义基本原理与中国国情、时代实践相结合中形成的理论创新成果和革命、建设、改革实践的正确道路及方针政策。党有宏阔的大历史观，胸怀天下，始终关注人类前途命运，从人类发展大潮流、世界变化大格局、中国发展大历史中正确认识和处理同外部世界的关系，以自强不息的奋斗深刻改变世界发展的趋势和格局。党坚持自我革命，勇于担当，敢于斗争，善于创造，始终走在时代前列，成为革命、建设、改革及其各项事业的坚强领导核心。

毫无疑问，在中华民族近代百年历史进程中，中国共产党起着中流砥柱作用，党的坚强领导起着核心作用。而我们党的百年奋斗之所以能改变中国人民的前途命运、开辟实现中华民族伟大复兴的正确道路、展示马克思主义的强大生命力、深刻影响世界历史进程，最根本的是在这波澜壮阔的历史活动中，锻造出了走在时代前列的中国共产党。正是有了这样的党，才团结带领中国人民开辟了伟大道路、创造了伟大事业、取得了伟大成就，书写了中华民族几千年历史上最恢宏的史诗。

"党的百年奋斗锻造了走在时代前列的中国共产党"，这是我们党百年奋斗光辉历程及其巨大历史意义的关键所在。这一历史意义和历史结论，深刻揭示了党的百年奋斗的成功轨迹，证明中国共产党是伟大光荣正确的党。中国近代以来的历史和中国人民之所以选择中国共产党，中国共产党之所以在艰难困苦中实现由小到大的发展，经历百年而风华正茂，最根本的就是中国共产党能始终走在时代前列、能顺应时代发展、能引领时代发展。中国共产党的先进性和领导依据，就在于代表人民的根本意志和历史发展方向，顺应和引领时代发展。顺时代潮流者昌，行天下公者兴。始终"走在时代前列"是中国共产党的成功密码，是中国共产党保持强大生命力、战斗力、凝聚力、号召力、组织力和领导力的核心要领，也是中国共产党自身建设和发展，永葆青春活力的关键所在。党始终"走在时代前列"深刻揭示了中国共产党区别于其他政党的本质特性。一切落后于时代发展或阻碍时代发展的政党，都将被历史和人民所抛弃。中国共产党诞生以来，深刻洞悉中国近代以来的社会性质和时代本质，鲜明地确立自己的初心使命，义无反顾地承担起历史责任，始终站在推进中华民族伟大复兴的时代前列，党领导人民以英勇顽强的奋斗，使中华民族伟大复兴进入了不可逆转的历史进程。

"党的百年奋斗锻造了走在时代前列的中国共产党"，集中反映了新时代中国共产党人高度的历史自觉性和历史主动性。我们党历来高度注重历史经验。习近平总书记多次强调，我们党一步步走过来，很重要的一条就是不断总结经验、提高本领，不断提高应对风险、迎接挑战、化险为夷的能力水平。我们党也历来高度自觉把握党的历史使命和历史意义。这是党对历史和未来高度负责的表现，是党对自身成长发展规律和政治品格的科学把握。十九届六中全会的《决议》从党对中国人民、对中华民族、对马克思主义、对人类进步事业、对党的自身建设五大方面，就党的百年奋斗历史贡献和历史意义作出了深刻阐述。这是对党的百年历史成就和历史经验认识的科学升华，是对中国共产党领导人民百年奋斗历史发展规律的深刻揭示。

"党的百年奋斗锻造了走在时代前列的中国共产党"，更是深刻反映了党领导人民百年奋斗历史的本质特点。中国共产党的坚强领导是中国近代百年历史发展的主导力量，或者是最本质特征。而我们党之所以能不负历史、不负人民，成为推进历史发展的领导力量，是因为我们党在历史进程中能不断加强自身建设，不断自我革命，自觉地把党锻造成一个始终走在时代前列的伟大的中国共产党。历史充分证明，没有中国共产党，就没有新中国，就没有中华民族的伟大复兴。

总之，党的百年奋斗锻造出了走在时代前列的中国共产党，这是我们党的百年历史成就、历史贡献和历史经验的极为重要的自我总结，充分体现了新时代中国共产党人高度的历史自觉和历史自信，也充分展现了新时代中国共产党人以史为鉴、开创未来的历史主动和历史担当。

## 三、百年奋斗如何锻造出"走在时代前列"的大党

党在百年奋斗进程中如何把自己锻造成"百年大党"？我们党由小到大、由弱到强、永葆青春活力的"锻造"逻辑、成长规律是什么？对此，《决议》作了如下阐述：

"一百年来，党坚持性质宗旨，坚持理想信念，坚守初心使命，勇于自我革命，在生死斗争和艰苦奋斗中经受住各种风险考验、付出巨大牺牲，锤炼出鲜明政治品格，形成了以伟大建党精神为源头的精神谱系，保持了党的先进性和纯洁性，党的执政能力和领导水平不断提高，正领导中国人民在中国特色社会主义道路上不可逆转地走向中华民族伟大复兴，无愧为伟大光荣正确的党。"[1]

由此可见，中国共产党百年奋斗中之所以能经受住各种生死风险考验、走在时代前列，最根本的是党始终坚持性质宗旨，坚持理想信念，坚守初心使命，勇于自我革命。显然，"走在时代前列"涉及党的全部历史实践活动和党自身的全部建设过程。下面，我们择其要者加以探讨。

1.百年奋斗坚持和锻造了先进的性质宗旨，这是中国共产党不断走在时代前列的根本动因

政党的性质宗旨是关涉建党立党、兴党强党的根本问题，并决定政党的政治前途和命运。这也是一个政党能否走在前列的首要问题。

中国共产党是中国工人阶级的先锋队，同时是中国人民和中华民族的

---

1.《中共中央关于党的百年奋斗重大成就和历史经验的决议》，北京：人民出版社，2021年版，第64—65页。

先锋队。中国共产党的先锋队性质,决定了全心全意为人民服务的根本宗旨。来自人民、依靠人民、为了人民,除了人民的根本利益外,党没有自己任何的特殊利益,也从来不代表任何利益集团、任何权势团体、任何特权阶层的利益,这是党立于不败之地的根本前提。

百年来,党牢记中国共产党"是什么、要干什么"这个根本问题,坚持人民至上、人民立场,坚持以人民为中心,把人民放在第一位,坚持尊重社会发展规律和尊重人民历史主体地位相统一。习近平总书记指出:"为人民而生,因人民而兴,始终同人民在一起,为人民利益而奋斗,是我们党立党兴党强党的根本出发点和落脚点。"[1] 对我们党来讲,坚持自己的先进性和根本宗旨,就是要牢记历史是人民创造的,人民是历史发展的主体。江山就是人民、人民就是江山。党的全部活动一切为了人民、一切依靠人民。这是我们党得到人民广泛拥护和支持,从人民中获得前进力量,历经挫折而不断发展壮大,不断走在时代前列的根本动力。人民是我们党建党立党之本,是我们党永葆先进本色之源。

"得众则得国,失众则失国。"一个政党,一个政权,其前途命运归根结底取决于人心的向背。人民是我们党发展壮大的最深厚基础和最大底气。中国共产党百年奋斗史,就是一部始终保持同人民群众血肉联系、不断依靠人民群众、为人民利益而奋斗的历史。从当年的"为人民服务",到"把人民拥护不拥护、赞成不赞成、高兴不高兴、答应不答应作为制定方针政策和作出决断的出发点和归宿""实现好、维护好、发展好最广大人民的根本利益",再到"人民对美好生活的向往,就是我们的奋斗目标",党的先锋队性质、全心全意为人民服务的根本宗旨,在百年历史进程中一以贯之地得到了坚持和落实,并在党的革命、建设、改革开放实践中得到检验和锻造,具体内涵也得到了丰富和升华。党的十八大以来,党坚持以人民为中心的发展思想,在实现人民根本利益、人民享有更多发展成果、提高人民美好生活等方面,更是

---

1. 习近平:《在党史学习教育动员大会上的讲话》,北京:人民出版社,2021年版,第15页。

创造了历史性发展成就。

党的根基在人民、血脉在人民、力量在人民,人民是党成长发展和执政兴国的最大底气。在党的全部实践活动中坚持党的先进的性质宗旨,是中国共产党不懈进取奋斗、永远走在时代前列的不竭动力源泉。

2.百年奋斗坚持和锻造了科学的理想信念,这是中国共产党不断走在时代前列的旗帜方向

代表和实现人民的根本利益,离不开科学思想理论的指引。中国共产党作为一个先进的政党组织,必须有先进思想理论来指引和凝聚共同的理想信念,用科学的思想理论引领历史发展和自己实践活动的前进方向。

坚持马克思主义科学真理,坚守马克思主义理想信念,是中国共产党先进性和团结奋斗的思想前提。习近平总书记指出:"马克思主义政党的先进性,首先体现为思想理论上的先进性。注重思想建党、理论强党,是我们党的鲜明特色和光荣传统。"[1]中国共产党就是在马克思主义和俄国十月革命直接影响下诞生的。马克思列宁主义在中国的传播,极大地促进了中国人民的伟大觉醒,给苦苦探求救国救民道路的中国先进分子指明了前进方向,开启了中华民族伟大复兴的新曙光。

马克思主义作为中国共产党的根本指导思想,是党的灵魂和党前行的旗帜。中国共产党选择了马克思主义,就意味着占据科学真理的制高点。在人类发展史上,马克思主义是最为系统、最为完整的科学思想理论体系,为人类社会进步指明了发展方向。马克思主义不但提出了共产主义、社会主义目标理想,而且还系统分析了实现这个目标理想的基本路径和方法。因而中国共产党人选择马克思主义为自己的基本世界观、价值观、方法论及其为之奋斗的社会理想。马克思主义具有鲜明的科学性、实践性、人民性和开放性品质,并在中国百年伟大实践中得到了充分检验、充分贯彻和

---

1.习近平:《论党的宣传思想工作》,北京:中央文献出版社,2020年版,第413页。

充分彰显。[1]

马克思主义是我们党认识世界、改造世界的强大思想武器。中国共产党人坚持把马克思主义基本原理同中国具体实际相结合、同中华优秀传统文化相结合、同人类社会时代发展实际相结合，不断用马克思主义去观察社会、把握时代，引领党和国家各项事业发展。正是在马克思主义不断中国化时代化的进程中，我们党确立了正确的思想路线、政治路线和组织路线，形成了革命、建设、改革的正确道路及方针政策，创造了辉煌的历史性成就。从根本上说，中国共产党之所以能，中国特色社会主义之所以好，归根到底是因为马克思主义行。也正是在马克思主义理论与中国实践相互结合和相互推进的过程中，中国共产党人创造性地回答了民族之问、时代之问、人民之问，不断以鲜活生动的实践推动理论创新，先后创立了毛泽东思想、形成了中国特色社会主义理论体系和创立了习近平新时代中国特色社会主义思想，为党和国家各项事业发展提供了科学理论指导。

中国共产党是一个具有坚定理想信念的马克思主义政党。马克思主义是共产党人认识和把握世界的科学真理，也是党坚信不疑并为之不懈奋斗的理想信念。在共产党人身上，真理力量和信仰力量是高度统一的。中国共产党人的理想信念，就是马克思主义科学信仰、共产主义远大理想和中国特色社会主义共同理想。这是中国共产党人的精神支柱和政治灵魂，也是保持党和各族人民团结统一的思想基础。无论过去、现在还是将来，这些理想信念都是支撑党战胜一切敌人和困难，引领中国人民实现站起来、富起来、强起来的强大精神力量。

中国共产党是用马克思主义武装起来的、具有坚定理想信念的政党。思想理论的先进性、理想信念的坚定性，是我们党鲜明的品质和政治优势，也是党走在时代前列的根本保证。

3.百年奋斗坚持和锻造了崇高的初心使命，这是中国共产党不断走在

---

1.参见《中共中央关于党的百年奋斗重大成就和历史经验的决议》，北京：人民出版社，2021年版，第63页。

时代前列的使命担当

一个政党的初心使命，集中反映该政党的政治性质，是政党建党立党的出发点和政治依归，体现政党为了谁和为谁的政治利益而存在的政治性质，也体现政党要把社会发展引向何方的政治前途。中国共产党人的初心使命，就是为中国人民谋幸福，为中华民族谋复兴。党的初心使命就是党的奋斗目标和历史任务，这是党的性质宗旨、理想信念与中国国情、历史发展阶段相结合的产物，是党对历史发展规律、发展趋势和人民根本利益诉求的正确认识，也是党对自己历史使命和责任的自觉把握。

我们党"为中国人民谋幸福、为中华民族谋复兴"的初心使命，集中揭示了中国近代以来的历史主题，反映了中国人民的根本意志。这个历史主题就是扎根在中国大地上的时代潮流，对这个时代潮流的正确把握和坚持，就是去引领和推动时代发展。习近平总书记指出："1840年鸦片战争以后，中国逐步成为半殖民地半封建社会，国家蒙辱、人民蒙难、文明蒙尘，中华民族遭受了前所未有的劫难。从那时起，实现中华民族伟大复兴，就成为中国人民和中华民族最伟大的梦想。""中国共产党一经诞生，就把为中国人民谋幸福、为中华民族谋复兴确立为自己的初心使命。一百年来，中国共产党团结带领中国人民进行的一切奋斗、一切牺牲、一切创造，归结起来就是一个主题：实现中华民族伟大复兴。"[1] 这个初心使命承继中华民族五千年文明传统，集中体现马克思主义、共产党人的世界观、价值观和伟大胸怀，深刻洞悉和把握了中国近代以来社会基本性质和根本矛盾，反映了各族人民的共同心愿和利益，也成为激励中国共产党人引领时代发展的根本动力。

为了从根本上改变中国人民的前途命运，实现中华民族伟大复兴梦想，中国共产党以前所未有的历史主动精神和历史创造精神，不断推进马克思主义中国化时代化，坚持用马克思主义中国化的科学理论引领伟大实践，领导人民不懈奋斗、开拓进取，从而成功开辟了实现中华民族伟大复兴的正确

---

1. 习近平：《在庆祝中国共产党成立100周年大会上的讲话》，北京：人民出版社，2021年版，第2—3页。

道路。党的百年奋斗史，就是不断为推进和实现中华民族伟大复兴的奋斗史。在新民主主义革命时期，党领导人民取得了民族独立和人民解放，建立了中华人民共和国，为实现中华民族伟大复兴创造了根本社会条件；在社会主义革命和建设时期，党领导人民进行了社会主义革命和建设，实现了中华民族有史以来最为广泛而深刻的社会变革，实现了一穷二白、人口众多的东方大国大步迈进社会主义社会的伟大飞跃，为实现中华民族伟大复兴奠定了根本政治基础和制度基础；在改革开放和社会主义现代化建设新时期，党领导人民继续探索中国建设社会主义的正确道路，解放和发展社会生产力，使人民摆脱贫困、尽快富裕起来，为实现中华民族伟大复兴提供充满新的活力的体制保证和快速发展的物质条件；党的十八大以来，中国特色社会主义进入新时代，党领导人民实现第一个百年奋斗目标，开启了实现第二个百年奋斗目标的新征程，正朝着实现中华民族伟大复兴的宏伟目标继续阔步前进。今天，中华民族迎来了从站起来、富起来到强起来的伟大飞跃，实现中华民族伟大复兴进入了不可逆转的历史进程。

中国共产党是一个有使命担当、有天下胸怀的马克思主义政党。"党始终以世界眼光关注人类前途命运，从人类发展大潮流、世界变化大格局、中国发展大历史正确认识和处理同外部世界的关系。"[1]中国共产党人自觉地认识到，中国人民事业是人类进步事业的重要组成部分，同时，各国人民的发展进步是一个相互推动的整体过程。因此，中国共产党"既为中国人民谋幸福、为中华民族谋复兴，也为人类谋进步、为世界谋大同，以自强不息的奋斗深刻改变了世界发展的趋势和格局"[2]，主动倡导和积极推动构建人类命运共同体，大力弘扬和平、发展、公平、正义、民主、自由的全人类共同价值，为解决人类重大问题，建设持久和平、普遍安全、共同繁荣、开放包容、清洁美丽

---

1.《中共中央关于党的百年奋斗重大成就和历史经验的决议》，北京：人民出版社，2021年版，第68页。

2.《中共中央关于党的百年奋斗重大成就和历史经验的决议》，北京：人民出版社，2021年版，第64页。

的世界,努力贡献中国智慧、中国方案、中国力量。今天的中国,越来越成为推动和引领人类文明进步潮流的重要力量。

一百年来,中国共产党人矢志不渝地践行初心使命,为了让人民过上更美好的生活和实现中华民族伟大复兴而劈波斩浪,不懈奋斗。习近平总书记指出:"为什么我们党在那么弱小的情况下能够逐步发展壮大起来,在腥风血雨中能够一次次绝境重生,在攻坚克难中能够不断从胜利走向胜利,根本原因就在于不管是处于顺境还是逆境,我们党始终坚守为中国人民谋幸福、为中华民族谋复兴这个初心和使命,义无反顾向着这个目标前进,从而赢得了人民衷心拥护和坚定支持。"[1]

正是在百年践行初心使命的征程中,我们党承担起自己的时代责任,推进时代发展,领导人民不断向着更广阔、更美好的未来奋进。

4.百年奋斗坚持和锻造了鲜明的自我革命品质,这是中国共产党不断走在时代前列的强大武器

勇于自我革命是中国共产党区别于其他政党的一个显著标志,也是党走在时代前列的根本原因。习近平总书记指出,勇于自我革命,是我们党最鲜明的品格,也是我们党最大的优势。党的百年奋斗史证明,自我革命始终是解决党内突出问题、加强党的自身建设、提高党的凝聚力和战斗力的根本武器,是党永葆青春活力的强大内生动力。

中国共产党的先进性和走在时代前列不是天生的,而是在不断自我革命中淬炼形成的。党的成长发展过程是一个自我革命、自我净化、自我完善、自我革新、自我提高的过程。党的自我革命有着非常丰富的内容,比如,党的政治建设、思想建设、组织建设、作风建设、纪律建设和制度建设,党的实事求是、解放思想、守正创新、学习整风、专题教育、总结经验、纠正错误、理论与实践创新、批评与自我批评、清除变节分子和腐败分子等,都是我们党

---

[1] 中共中央党史和文献研究院、中央"不忘初心、牢记使命"主题教育领导小组办公室编:《习近平关于"不忘初心、牢记使命"论述摘编》,北京:中央文献出版社,2019年版,第20页。

自我革命、自我净化、自我完善、自我革新、自我提高的重要内容。从这种意义上讲,党的成长发展史,就是党的自我革命史,也是我们党以自我革命引领社会革命的历史。中国共产党就是在自我革命中实现自我超越和自我发展的。

当然,党的自我革命最重要的是指党的自身建设,突出的是指坚持真理、修正错误、不断清除侵蚀自身健康肌体的病毒的自我进步过程。我们党的先进性和党的伟大光荣正确,不在于不犯错误,而在于从不讳疾忌医,敢于直面问题,善于开展批评和自我批评,勇于自我革命。这是中国共产党革命彻底性的根本表现,是党对自身强大生命力和战斗力的高度自信。

中国共产党为什么能做到自我革命?习近平总书记指出:"我们党之所以有自我革命的勇气,是因为我们党除了国家、民族、人民的利益,没有任何自己的特殊利益。"[1]马克思主义的强大政党从来都是在自我革命中锻造出来的。勇于自我革命,敢于斗争,坚持从严管党治党,是我们党最鲜明的政治品格。中国共产党百年历史上的曲折、错误甚至生死存亡的危难关头,都是党通过自我反思、自我纠正、自我挽救的。大浪淘沙,滚滚历史洪流总会泥沙俱下。在党的历史上曾出现过思想觉悟的落伍者、理想信念的动摇者、革命意志的薄弱者,甚至还有革命变节分子、腐败分子和各类违法违纪分子,也出现过"左"倾机会主义、右倾机会主义、教条主义、本本主义、自由主义、个人主义、本位主义、形式主义、官僚主义、享乐主义等各类错误倾向,但党依靠自己强大的自我免疫能力、自我修复能力和新陈代谢能力,不断克服和纠正各种错误倾向,不断清除和战胜党内的各种异己分子和腐败分子。正是由于我们党始终勇于刀刃向内,敢于自我革命,不断清除一切损害党的先进性和纯洁性的消极因素,才确保党不变质、不变色、不变味,确保党始终成为坚强的领导核心。

党历经百年沧桑而充满活力,其奥秘就在于我们党能不断推进自我革

---

[1]习近平:《论坚持全面深化改革》,北京:中央文献出版社,2018年版,第326页。

命，不断增强党的自我净化、自我完善、自我革新、自我提高能力，确保党的先进性和纯洁性。这是我们党永远走在时代前列的内在力量和有力武器。

**5.百年奋斗坚持和锻造了伟大建党精神，这是中国共产党不断走在时代前列的精神意志力量**

我们党要生存和发展，要走在时代前列，必须有顽强的精神意志。人无精神不立，国无精神不兴，党无精神不强。马克思主义政党作为先进政治组织，要实现自己的政治目的、纲领和使命，除了要有共同政治理想、政治纪律等条件外，还必须有强大的精神意志力量。

中国共产党是一个具有顽强精神意志力的政党。党从诞生那天起，就孕育出了伟大建党精神。习近平总书记在庆祝中国共产党成立100周年大会上的讲话中，科学概括了伟大建党精神并阐述了其丰富内涵："一百年前，中国共产党的先驱们创建了中国共产党，形成了坚持真理、坚守理想，践行初心、担当使命，不怕牺牲、英勇斗争，对党忠诚、不负人民的伟大建党精神，这是中国共产党的精神之源。"[1]我们党的伟大建党精神就是建党之初就形成的精神风范、精神品质和精神标识，它体现在党的纲领、章程、制度之中，更体现在各个党组织和广大党员的奋斗实践之中。伟大建党精神是我们党的性质宗旨、理想信念、初心使命、主张要求、纪律作风等内化为党组织、党员行为的信念信仰、意志毅力、道德品行、言行风貌等精神意志的集合体，是党的政治品格的集中体现，是党成长发展和夺取一切胜利的强大武器。伟大建党精神就是我们党在推进中华民族复兴历史进程中所展现出来的坚毅强大的精神动力。比如，那种为了真理、正义和人民利益"抛头颅、洒热血"的英雄气概，那种"敢教日月换新天"的"精气神"，那种无私奉献、默默奋斗的"老黄牛精神"等，都是中国共产党伟大建党精神和鲜明政治品格的生动体现。

伟大建党精神形成于风起云涌的历史实践。我们党在生死斗争和艰苦

---

1.习近平：《在庆祝中国共产党成立100周年大会上的讲话》，北京：人民出版社，2021年版，第8页。

奋斗中,克服了无数危难,战胜了无数敌人,付出了无数牺牲,经受住了各种风险考验,也锤炼出了党鲜明的政治品格和精神风骨。蓬勃的内生力、强大的聚合力、顽强的战斗力、坚韧的意志力,都是我们党极为鲜明的特点和宝贵财富。正是共产党人具有顽强拼搏的精神意志、不懈奋斗的精神毅力,才走出了一条由血与火锻造的成长道路,推动了中华民族近代以来的历史进程,又在历史实践中不断得到丰富和升华。

党的伟大实践淬炼党的伟大精神,党的伟大精神推动党的伟大实践。习近平总书记指出:"一百年来,在应对各种困难挑战中,我们党锤炼了不畏强敌、不惧风险、敢于斗争、勇于胜利的风骨和品质。这是我们党最鲜明的特质和特点。在一百年的非凡奋斗历程中,一代又一代中国共产党人顽强拼搏、不懈奋斗,涌现了一大批视死如归的革命烈士、一大批顽强奋斗的英雄人物、一大批忘我奉献的先进模范,形成了井冈山精神、长征精神、遵义会议精神、延安精神、西柏坡精神、红岩精神、抗美援朝精神、'两弹一星'精神、特区精神、抗洪精神、抗震救灾精神、抗疫精神等伟大精神,构筑起了中国共产党人的精神谱系。我们党之所以历经百年而风华正茂、饱经磨难而生生不息,就是凭着那么一股革命加拼命的强大精神。"[1]一百年来,中国共产党领导人民不怕牺牲,拼搏奋斗,"在中国大地不仅建筑起遍地林立的高楼大厦,而且铸造了巍然耸立的中华民族精神大厦"[2]。

中国共产党之所以能在困境逆境中成长、挫折失败中奋起,能取得彪炳史册的辉煌成就,其中一个根本原因,就在于我们党是一个有着顽强意志力和奋斗精神的先进政党。我们党的伟大建党精神是激励党永远走在时代前列的强大精神意志力量。

6.百年奋斗锻造了超凡的领导和执政能力,这是中国共产党不断走在

---

1.习近平:《在党史学习教育动员大会上的讲话》,北京:人民出版社,2021年版,第19页。

2.中共中央宣传部:《中国共产党的历史使命与行动价值》,《人民日报》2021年8月27日,第1版。

时代前列的根本保证

中国共产党是有高度历史使命意识和历史主动精神的政党。党从诞生那天起，就高度自觉地把党的奋斗目标与中华民族、中国人民的前途命运相结合，勇敢地担当起引领时代发展、团结带领人民为实现中华民族伟大复兴而奋斗的历史重任。

历史和人民选择了中国共产党的领导，而中国共产党以其非凡勇气和智慧出色地承担起领导重任。百年奋斗历经千难万险而创造彪炳千秋伟业，中国革命、建设和改革事业历经风雨曲折而阔步向前，最重要的是有中国共产党的坚强领导。党的领导能力和执政能力是伴随着历史实践进程而不断提升和成熟的。中国共产党是中国百年来历史发展和中国人民的中流砥柱，是推进中华民族伟大复兴的坚强领导核心。历史有其客观发展规律，历史是由人民创造的，但先进的政党和杰出的领袖对超前把握历史规律和人民意志，对推动历史发展和时代进步起着能动的引领作用。这就是历史必然性和历史主动性的统一。中国共产党的坚强有力领导，极大地加快了中华民族伟大复兴的历史进程。正是在党的超凡领导下，中华民族实现了从几千年封建专制政治向人民民主的伟大飞跃，迎来了从站起来、富起来到强起来的伟大飞跃，实现中华民族伟大复兴进入了不可逆转的历史进程。今天，我们比历史上任何时候都更接近、更有信心和能力实现中华民族伟大复兴的目标。所有这一切，都是在中国共产党领导下取得的，体现了中国共产党强大的领导力。正如《决议》指出："中国人民和中华民族之所以能够扭转近代以后的历史命运、取得今天的伟大成就，最根本的是有中国共产党的坚强领导。历史和现实都证明，没有中国共产党，就没有新中国，就没有中华民族伟大复兴。"[1]

一百年来，中国共产党锻造的超凡领导能力和执政能力，主要表现在：集中统一的政治领导力、协调各方的统筹力、科学理论的思想引领力、系统

---

1.《中共中央关于党的百年奋斗重大成就和历史经验的决议》，北京：人民出版社，2021年版，第65页。

超前的战略决策力、应对风险的决断力、务实高效的执行力、发动群众的组织力、动员社会的号召力、团结各界的凝聚力,以及党科学执政、民主执政和依法执政的能力和水平的不断提高,党和国家治理体系、治理能力现代化不断推进,等等。这些都从不同方面展现了党坚强有力的领导能力和执政能力。《决议》中科学总结的坚持党的领导、坚持人民至上、坚持理论创新、坚持独立自主、坚持中国道路、坚持胸怀天下、坚持开拓创新、坚持敢于斗争、坚持统一战线和坚持自我革命这十条基本历史经验,实际上也是我们党最为宝贵的领导和执政经验。

我们党以高度的历史责任感和宽阔的为民胸怀,始终坚持加强和改善党的领导,持续推进党的建设新的伟大工程,坚持用马克思主义立场、观点、方法观察时代、把握时代、引领时代,不断提升党的创造力、凝聚力、战斗力,坚定地走在时代前列,始终是中国人民和中华民族的主心骨。

## 四、接续走好新时代"赶考"路

"锻造了走在时代前列的中国共产党"是《决议》中总结的党的五大历史意义之一。这深刻反映了新时代中国共产党人高度的历史自信,集中体现了新时代中国共产党人接续走在时代前列和走好新的"赶考"之路的使命担当。《决议》指出:"过去一百年,党向人民、向历史交出了一份优异的答卷。现在,党团结带领中国人民又踏上了实现第二个百年奋斗目标新的'赶考'之路。"[1] 走在时代前列是一个永无止境的历史过程,接续走好新的"赶考"之路也是永无止境的。历史证明,我们唯有不断走在时代前列,才能保持党的先进性,才能引领时代发展,也才能不断向人民交出满意的考卷。

---

1.《中共中央关于党的百年奋斗重大成就和历史经验的决议》,北京:人民出版社,2021年版,第71页。

1. 始终走在时代前列，接续走好新时代"赶考"之路，必须有党的坚强领导核心和领路人

党的十九届六中全会《决议》庄重宣示："党确立习近平同志党中央的核心、全党的核心地位，确立习近平新时代中国特色社会主义思想的指导地位，反映了全党全军全国各族人民共同心愿，对新时代党和国家事业发展、对推进中华民族伟大复兴历史进程具有决定性意义。"[1]百年党史给我们一个重要启示，就是维护党的领导核心和党的领袖权威，决定着党和国家的前途命运。走在时代前列，引领时代发展，必须有党中央和党的领袖的坚强领导。这是我们党和人民事业不断取得成功的关键所在。在中国特色社会主义进入新时代的重要时刻，党确立习近平同志党中央的核心、全党的核心地位，确立习近平新时代中国特色社会主义思想的指导地位，对新时代党和国家事业的历史进程具有决定性意义。我们要增强"四个意识"、坚定"四个自信"、做到"两个维护"，更加紧密地团结在以习近平同志为核心的党中央周围，全面贯彻习近平新时代中国特色社会主义思想，接续走好新的"赶考"路，不断创造时代伟业。

2. 始终走在时代前列，接续走好新时代"赶考"之路，必须坚持党百年来形成的政治品格和基本经验

我们党牢记中国共产党是什么、要干什么这个根本问题，把握发展大趋势，坚定清醒有作为，不为任何风险所惧，不为任何干扰所惑，决不在根本性问题上出现颠覆性错误，并在长期斗争实践中形成了系统的理论和实践成果。这些成果是我们接续"赶考"，在新的历史起点上负重出发的根基。不忘初心，方得始终。不忘本来，方能走向未来。我们要坚持党的性质宗旨，坚持党的理想信念，坚守党的初心使命；要敢于直面问题，勇于自我革命，坚持自我净化、自我完善、自我革新、自我提高，确保党不变质、不变色、不变味，确保党的先进性和纯洁性；要坚持党的优良传统作风，坚持真理，修正错

---

1. 《中共中央关于党的百年奋斗重大成就和历史经验的决议》，北京：人民出版社，2021年版，第26页。

误,保持党的优良政治品格,传承红色血脉,弘扬伟大建党精神;要坚持党的十大基本经验,珍惜党和人民创造的精神财富,在新时代实践中不断丰富发展党的历史经验,确保党在新时代坚持和发展中国特色社会主义的历史进程中始终成为坚强的领导核心。党百年奋斗征程中锻造的鲜明政治品格、优良传统作风、红色精神血脉、宝贵历史经验,是我们党百年来走在时代前列的成功奥秘,也是我们党继往开来、始终走在时代前列的制胜法宝。

3.始终走在时代前列,接续走好新时代"赶考"之路,必须不断推进马克思主义中国化时代化,全面贯彻习近平新时代中国特色社会主义思想

百年党史证明,要走在时代前列,一刻也离不开科学思想理论引领,必须坚定不移地用党的创新理论成果武装全党。习近平新时代中国特色社会主义思想是当代中国马克思主义、二十一世纪马克思主义,是中华文化和中国精神的时代精华。这一闪耀时代真理光芒的思想理论,就新时代坚持和发展什么样的中国特色社会主义、怎样坚持和发展中国特色社会主义,建设什么样的社会主义现代化强国、怎样建设社会主义现代化强国,建设什么样的长期执政的马克思主义政党、怎样建设长期执政的马克思主义政党等重大时代课题,作出了系统而深刻的时代性回答,我们必须全面贯彻落实。在新时代新征程中,我们要坚持党的基本理论、基本路线、基本方略等一系列思路理念、战略布局和方针政策,确保各项事业健康有序发展。同时,又要坚持不懈地用习近平新时代中国特色社会主义思想去观察时代、把握时代、引领时代,不断深化对共产党执政规律、社会主义建设规律、人类社会发展规律的认识。当今世界,人类正处于百年未有之大变局时期,全球格局加快重组,国际矛盾错综复杂,困局危局中孕育着新局。我国正处于开启全面建设社会主义现代化国家新征程,改革、发展、稳定任务繁重,而且新矛盾新难题也会层出不穷,这都需要用马克思主义和党的创新理论不断去分析和回答国内外新问题,不断改革、探索、创新,从而不断把党和人民事业推向时代发展的新高度新水平。

4. 始终走在时代前列，接续走好新时代"赶考"之路，必须全面推进社会主义现代化强国建设

新时代新课题新使命，党现在和未来长时期面临的根本任务，就集中在全面推进和实现第二个百年奋斗目标上。从2020年到2035年我国要基本实现社会主义现代化，从2035年到21世纪中叶要把我国建成社会主义现代化强国，这是我们党面临的中心任务和时代使命。我们要紧紧围绕这个奋斗目标和根本任务，通过党和人民的不懈奋斗，"我国物质文明、政治文明、精神文明、社会文明、生态文明将全面提升，实现国家治理体系和治理能力现代化，成为综合国力和国际影响力领先的国家，全体人民共同富裕基本实现，我国人民将享有更加幸福安康的生活，中华民族将以更加昂扬的姿态屹立于世界民族之林"[1]。新时代新作为新气象，党要始终走在时代前列，接续走好新时代"赶考"路，就要不断开创社会主义现代化建设新局面，全面实现中华民族伟大复兴。

5. 始终走在时代前列，接续走好新时代"赶考"之路，必须坚持人民至上，不断满足人民追求更美好生活的需要

我们党打江山为的是让人民过上好日子。我们党执政的根本目的，也是为了让人民过上更美好的幸福生活。走在时代前列、走好新时代"赶考"路，归根结底就看我们党是否代表人民根本利益，能否向人民不断交出优秀的"考卷"，要看人民群众是否满意、是否高兴。从实质上讲，是不是走在时代前列、能不能考出好成绩，关键看人民生活能否过得更加美好。党执政后，追求美好生活就是人民群众最大利益所在，也是我们党矢志不移的执政目标。习近平总书记指出："我们的目标很宏伟，但也很朴素，归根结底就是让全体中国人都过上更好的日子。"[2] "只有坚持以人民为中心的发展思想，坚持

---

1.《中共中央关于党的百年奋斗重大成就和历史经验的决议》，北京：人民出版社，2021年版，第71—72页。

2. 习近平：《习近平谈治国理政》第三卷，北京：外文出版社，2021年版，第134页。

发展为了人民、发展依靠人民、发展成果由人民共享,才会有正确的发展观、现代化观。"[1] 在新时代新征程中,我们坚持人民主体地位,努力践行以人民为中心的发展思想,"着力解决发展不平衡不充分问题和人民群众急难愁盼问题,不断实现好、维护好、发展好最广大人民根本利益,团结带领全国各族人民不断为美好生活而奋斗"[2]。人民根本利益、人民美好生活,是我们一切发展、一切工作的出发点,是时代出的最大考题,也是人民群众评判答卷分数如何的最大依据。

6. 始终走在时代前列,接续走好新时代"赶考"之路,必须保持忧患意识,不断提高应对风险考验能力

尽管我们比历史上任何时期都更接近、更有信心和能力实现中华民族伟大复兴的目标,但也"必须清醒认识到,中华民族伟大复兴绝不是轻轻松松、敲锣打鼓就能实现的,前进道路上仍然存在可以预料和难以预料的各种风险挑战;必须清醒认识到,我国仍处于并将长期处于社会主义初级阶段,我国仍然是世界最大的发展中国家,社会主要矛盾是人民日益增长的美好生活需要和不平衡不充分的发展之间的矛盾"[3]。《决议》强调指出,我们必须常怀远虑、居安思危,坚持全面从严治党,坚定不移推进党风廉政建设和反腐败斗争,勇敢面对并不断提高应对国内外各种风险考验的能力,要敢于斗争,勇于胜利,不断推动中国特色社会主义事业阔步向前。走在时代前列、走好"赶考"路,必然会有种种风险考验。时代发展就是在应对挑战中实现的,"赶考"也包括考化险为夷的能力。这就决定我们必须有坚毅的战略定力和清醒的忧患意识,有智有谋,敢于和善于斗争,在大风大浪中行稳致远,

---

1. 《深入学习坚决贯彻党的十九届五中全会精神 确保全面建设社会主义现代化国家开好局》,《人民日报》2021年1月12日,第1版。
2. 《中共中央关于党的百年奋斗重大成就和历史经验的决议》,北京:人民出版社,2021年版,第73页。
3. 《中共中央关于党的百年奋斗重大成就和历史经验的决议》,北京:人民出版社,2021年版,第72页。

"咬定青山不放松""直挂云帆济沧海",以行百里者半九十的清醒不懈推进中华民族伟大复兴。

7.始终走在时代前列,接续走好新时代"赶考"之路,必须造就一代又一代接班人

一切事业都是人来干的,奋斗的历史由奋斗者铸就。"走"在时代前列,要靠人去走,"考"出好成绩,也要靠人去"赶考"。"党和人民事业发展需要一代代中国共产党人接续奋斗,必须抓好后继有人这个根本大计。"[1]我们党始终有深邃长远的战略思维,既立足于当前考好试卷、引领好时代发展,又着眼于未来,确保党长期执政、长期执好政,确保党在新时代坚持和发展中国特色社会主义的历史进程中始终成为坚强领导核心。为此,我们"要坚持用习近平新时代中国特色社会主义思想教育人,用党的理想信念凝聚人,用社会主义核心价值观培育人,用中华民族伟大复兴历史使命激励人,培养造就大批堪当时代重任的接班人"[2]。党要始终走在时代前列,接续不断走好"赶考"之路,就必须培育和造就一代又一代接班人。

过去一百年,创造了光辉灿烂伟大历史成就的中国共产党和中国人民,必将在新时代新征程上赢得更加伟大的新胜利。新时代的中国共产党正领导中国人民在中国特色社会主义道路上不可逆转地走向中华民族伟大复兴,一个欣欣向荣的社会主义现代化强国正向我们走来。

## 五、深刻诠释了党接续走好"赶考"路的坚定历史自信

习近平总书记站在我们党两个百年接续奋斗进程高度,深刻指出:"初心易得,始终难守。以史为鉴,可以知兴替。我们要用历史映照现实、远观未来,从中国共产党的百年奋斗中看清楚过去我们为什么能够成功、弄明白

---

1.《中共中央关于党的百年奋斗重大成就和历史经验的决议》,北京:人民出版社,2021年版,第74页。

2.同上。

未来我们怎样才能继续成功,从而在新的征程上更加坚定、更加自觉地牢记初心使命、开创美好未来。"[1]回顾百年历史,中国共产党向人民交出了一份彪炳史册的优异答卷。现在,在习近平新时代中国特色社会主义思想指引下,中国共产党团结带领中国人民又昂首挺胸踏上了实现第二个百年奋斗目标的新的"赶考"之路。

发扬党的伟大精神,传承党的红色血脉,开创更加美好的未来,必须不断增强"赶考"意识。党的执政和践行初心使命过程,实质上就是一个"赶考"过程。"赶考"只有分号而无句号。取得执政权不易,巩固和发展政权更为艰难,因为这是一个丝毫不能松懈的长期的严峻考题。如何考好这个大难题呢?早在1945年,当民主人士黄炎培提出中国共产党人如何跳出"其兴也勃焉,其亡也忽焉"的"历史周期率"时,毛泽东同志深入思考并予以了肯定回答:中国共产党能够跳出这个"历史周期率",因为只要人人起来走民主新路,让人民监督政府,政府才不敢松懈和人亡政息。可见,在延安时期,我们党就形成了"赶考"意识。后来,我们党一直坚持和发扬"进京赶考""两个务必"精神。党的十八大以来,习近平总书记更是反复强调全党要不负人民、接续走好新时代"赶考"的长征路。党和国家事业越蓬勃发展,人民的赞扬声越多,我们越要保持忧患意识,越要勤勉工作,以实实在在的政绩不断向人民交出优秀答卷。

发扬伟大建党精神,传承党的红色血脉,开创更加美好的未来,必须更自觉地用习近平新时代中国特色社会主义思想武装全党。马克思主义是中国共产党的根本指导思想,是党的灵魂和党前行的旗帜。坚持马克思主义科学真理,是中国共产党先进性和团结奋斗的思想前提。习近平总书记指出:"马克思主义政党的先进性,首先体现为思想理论上的先进性。注重思想建党、理论强党,是我们党的鲜明特色和光荣传统。"[2]中国共产党百年奋

---

1.习近平:《在庆祝中国共产党成立100周年大会上的讲话》,北京:人民出版社,2021年版,第10页。

2.习近平:《论党的宣传思想工作》,北京:中央文献出版社,2020年版,第413页。

斗进程中，始终坚持马克思主义并在实践中不断推进理论创新，马克思主义不断中国化时代化，显示出强大的真理力量和实践力量。党的十八大以来，习近平总书记就新时代面临的重大时代课题和关系新时代党和国家事业发展的一系列重大理论和实践问题，进行了深邃思考，作出了科学判断，提出了一系列原创性的治国理政新理念新思想新战略，创立了习近平新时代中国特色社会主义思想。习近平新时代中国特色社会主义思想是当代中国马克思主义、二十一世纪马克思主义，是中华文化和中国精神的时代精华，实现了马克思主义中国化新的飞跃。要走好实现第二个百年奋斗目标新征程的"赶考"路，必须更加深入学习贯彻习近平新时代中国特色社会主义思想，更加自觉牢记中国共产党"是什么、要干什么"这个根本问题，更加深刻领悟中国共产党"从哪里来、往哪里去"这个基本命题，更加系统把握"新时代坚持和发展什么样的中国特色社会主义、怎样坚持和发展中国特色社会主义，建设什么样的社会主义现代化强国、怎样建设社会主义现代化强国，建设什么样的长期执政的马克思主义政党、怎样建设长期执政的马克思主义政党"[1]等重大时代课题，坚定不移地走中国特色社会主义道路，确保党和国家事业始终沿着正确方向前进。我们要把学深悟透和全面贯彻习近平新时代中国特色社会主义思想，自觉转化为走好新征途"赶考"之路的实际行动，为党和人民事业贡献力量。

发扬党的伟大精神，传承党的红色血脉，开创更加美好的未来，必须更深刻地认识我们党的生命和力量在人民这个大道理。"赶考"就是赶人民之"考"。人民是阅卷人、评卷人，我们党的"考卷"主题永远是人民利益、人民幸福。中国共产党所奋斗的一切是为了人民幸福和民族复兴大业，不仅要占据着科学真理的制高点，还要始终占据着人民道义的制高点。人民就是我们党的立足之根，是我们党的执政之基。始终把人民放在心中最高位置，以百姓之心为心，以百姓利益为本，与群众有福同享、有难同当，有盐同咸、

---

1.《中共中央关于党的百年奋斗重大成就和历史经验的决议》，北京：人民出版社，2021年版，第25—26页。

无盐同淡。这就是我们党过去、现在和未来克服一切困难、不断取得胜利的根本原因，是我们党始终保持先进性和长期执政地位的根本保证。离开了人民和人民的力量，我们党不但一事无成，而且势必政息人亡。因此，我们要结合新时代新实践，不断深化认识人民是党的生命根基这个大道理，并在全部执政活动中体现好落实好这个大道理。

发扬党的伟大精神，传承党的红色血脉，开创更加美好未来，必须时刻警惕和防止脱离人民群众的危险。历史和实践反复证明，我们党的最大政治优势是密切联系群众，党执政后的最大危险是脱离群众。能否实现好人民的根本利益，能否满足人民群众不断增强的美好生活的需求，能否保持党同人民群众的血肉联系，决定着党和国家事业的成败。警惕和防止脱离人民群众，最重要的是全党和各级领导干部要真心实意地坚持人民至上、以民为本，尊重敬畏人民的主人地位，保障和发展人民的根本权益，坚持从群众中来到群众去，自觉接受人民监督和批评，坚持全面从严治党，坚决清除一切消极腐败现象和腐败分子，坚持科学执政、民主执政、依法执政，积极推进国家治理体系和治理能力现代化，不断提高新的历史条件下的执政水平，团结带领人民同心同德战胜前进道路上的各种可能风险，不断推进党和国家各项事业的新发展，以更加优异的"赶考"成就赢得人民的点赞和拥护。

发扬党的伟大精神，传承党的红色血脉，开创更加美好的未来，必须带领人民不断创造更美好的生活。走好"赶考"路，不负人民，为民执好政，向人民交出优异答卷，让人民满意高兴，最重要的在于坚持和发展中国特色社会主义事业，坚持以人民为中心的发展思想，全面落实新发展理念，不断推动物质文明、政治文明、精神文明、社会文明、生态文明协调发展，让人民群众在现代化建设事业进程中得到更多更全面的实际利益，生活水平不断提升，生活质量不断改善。在党和政府的全部工作实践中，要想群众之所想，急群众之所急，解群众之所难，办群众想办之事，一心一意推进社会经济新发展，全心全意为百姓谋利造福，以实际行动诠释共产党人"我将无我，不负人民"的崇高情怀。全党同志务必学深、悟透、践行以人民为中心的发展思想，发展全过程人民民主，维护社会公平正义，不断解决好发展不平衡不充分问题和人民群众急难愁盼问题,推动人的全面发展、全体人民共同富裕取得更为明显的实质性进展,不断实现人民群众对更加美好生活的向往。

发扬党的伟大精神,传承党的红色血脉,开创更加美好未来,必须不断推进党的自我革命。党的百年历史,也是我们党不断保持党的先进性和纯洁性、不断增强拒腐防变和抵御风险能力的历史。办好中国的事情,关键在党。我们党能否接续走好"赶考"路,续写发展新篇章,关键又在于我们党的"伟大工程"建设,不断把党的先进性和纯洁性推向新的时代高度。党的先进性和纯洁性建设是一个永恒课题,它永远走在"赶考"的路上。习近平总书记反复指出:"我们多次讲,党的先进性和党的执政地位都不是一劳永逸、一成不变的,过去先进不等于现在先进,现在先进不等于永远先进;过去拥有不等于现在拥有,现在拥有不等于永远拥有。这是用辩证唯物主义和历史唯物主义观察问题得出的结论。"[1] 为此,我们必须全面推进党的建设新的伟大工程,不断提高拒腐防变和抵御风险的能力,不断增强党的自我净化、自我完善、自我革新、自我提高能力,使我们党始终走在时代前列,始终成为中国人民和中华民族最可靠的主心骨和坚强领导核心。

来自人民、依靠人民、为了人民,是百年来中国共产党最重要的发展逻辑和胜利密码。我们党之所以历经百年而风华正茂、饱经磨难而生生不息,根本的原因就在于我们党在任何时候都坚持人民立场、人民至上的唯物史观和价值观。伟大建党精神揭示了我们党的根本宗旨和初心使命,集中彰显了党的本质属性和历史经验,从党的性质和政治品质的内在层面,深刻回答了中国共产党建设什么样的政党、怎样建设党的根本问题,深刻诠释了中国共产党为什么能够成功、怎样才能继续成功的根本要诀。

百年辉煌,千秋伟业。中国共产党完全有信心、有能力接续走好新时代"赶考"的路,以更加辉煌的成就不断向人民交出优异的答卷。

---

1.习近平:《习近平谈治国理政》第一卷,北京:外文出版社,2018年版,第367页。

# 08 重视思想建党是马克思主义政党的本质特性

第八篇

> 习近平总书记在马克思主义政党史和中国共产党发展史上，首次明确提出了"伟大建党精神"，并科学阐述了中国共产党伟大建党精神的丰富内涵及其地位意义。这是马克思主义政党理论的新观点新发展，是习近平新时代中国特色社会主义思想的新内容新拓展。毫无疑问，"伟大建党精神"的提出及其继承弘扬，对新时代中国共产党的"伟大工程"建设和中华民族精神文化建设，全面建设社会主义现代化强国，具有现实而深远的战略意义。

## 一、"精神""建党精神"及其基本含义

从科学分析和研究的角度讲，提出中国共产党的"伟大建党精神"、中国共产党"伟大精神"概念时，自然会引申出"党的精神""政党精神"等范畴。过去，在政党理论研究中，也有"政党精神""政党文化"等概念，但很少涉及一个或一类政党特有的"政党精神""政党文化"。中国共产党具有高度的历史自信、历史自觉和理论创新勇气，鲜明地提出和阐述了作为中国共产党独特品质的"伟大建党精神"。毫无疑问，

这必将极大地丰富和发展政党学说，对加强我们党的自身建设产生深远的影响。

那么，什么是"精神"或者说"政党精神"呢？人们往往把"精神"与思想、理念、意识混同使用，把人的精神简单归结为主观状态的"精神现象"。这有其合理的一面。因为，人们的确可以在与物质、客观相对应的意义上使用"精神"概念。而这种意义上的"精神"，实际上就是指主观意识、观念认知、思想理论、理想信念等"精神现象"。它主要是区别于物质、动物而为人所具有的特性。"精神"概念有时也指人的主观活动，而与人的客观实践相区别。

但是，当我们说人是有精神、国家和政党也是有精神的时候，就又有了一种特指的含义。这时候的"精神"，除了主观属性外，还有一种行为化的指向，是一种介于主观与客观、意识与行动之间的东西，即在行动中表现出来的信念、意志、毅力、态度等实践性精神力量。这种"精神"是人在实践过程中所展现出来的主体的意志力量，而并非一种纯粹观念性的主观的东西。

同样，作为个体人的集合体形态的民族、国家、政党等组织，其精神特质也不同于一般的意识、观念、思想，它是一种自觉的执着信念和坚强的行动意志，是内化为组织和成员行动中的实践性精神力量，也就是我们通常讲的那些行为化的"精气神"。当我们讲某人和某组织的精神时，通常就是指向实践性行为化的精神。人及其社会组织为什么有这种特性呢？这主要是因为人的思想意识本身就具有转化为实践行为的精神能力，而且人的实践行为也必然内含着精神意志。

政党精神是党的信仰追求、理想目标、性质宗旨、组织纪律等内化为全体党员行为的一种共同意志和精神风貌，它构成了一个政党的政治品格和精神风貌，也构成了一个政党组织的内在聚合力、战斗力。政党精神就是政党组织在实践活动中所展现的精神风骨，是政党的精神标识，是政党生命力和行动力的重要内容。

马克思主义先进政党是有思想理论指导、有组织有纲领的政党，通常有自己鲜明的"建党精神"。马克思主义政党"建党精神"作为党的基本特性，既表现在创建之初就确定的党的性质宗旨、初心使命、规章纪律之中，又体现在党在成长、发展过程中逐步积累起来的基本经验之中。"建党精神"是一个从高度浓缩的内在本质层面揭示政党性质和特点的基本范畴，是展现政党在创立和发展过程中区别于其他政党的一个重要标识，也是政党展开其实践活动的精神准则及其动力。从本质上讲，"建党精神"是一个政党何以立党兴党强党的最本质要素和内在基因。

中国共产党的伟大建党精神，就是中国共产党从创建之初就确立并在百年征途中不断丰富提升的鲜明的政治品质和精神特质，是内化为各级党组织和全体党员行为中的精神意志和精神力量，是中国共产党全部实践活动的本质特点。中国共产党从创立之初就形成了独特鲜明的伟大建党精神，并在自己的奋斗历史进程中传承发扬，伟大建党精神成为中国共产党不懈奋斗、引领时代的强大动力。了解中国共产党和党的历史，就必须了解中国共产党的伟大建党精神。

中国共产党不只有一般意义上的"建党精神"，而且具有独特品质的"伟大建党精神"。伟大建党精神既是中国共产党诞生的基本精神标志，也是中国共产党的精神之源。中国共产党进行的伟大斗争，开创的伟大道路，开展的伟大事业，创造的伟大成就，都是同高扬伟大建党精神紧密相连的。没有伟大建党精神，我们党就不可能战胜各种艰难困苦，就不可能取得百年辉煌。中国共产党之所以能，中国共产党历经百年之所以依然风华正茂，一个真谛就在于有伟大建党精神。

## 二、政党精神是内化于政党组织和党员行为中的"精气神"

人无精神不立。如同人是有思想、有精神的一样，政党也是有一定思想理论指导和精神特性的。在绝大多数现代国家，政党占据执政地位或处于政治生活的主导地位。对绝大多数现代政党来说，也总是这样那样地存在着一定的思想、精神特质。

作为最具先进性的马克思主义政党，更是具有自己鲜明的政党精神的。

马克思主义政党发展史证明，一个政党要由小到大、由弱到强，要领导革命取得政权、巩固政权并不断取得胜利，不但需要有一个科学理论、一个奋斗纲领、一个严明纪律、一个领导核心，同时，还必须有一种革命精神。中国共产党是有着独特革命奋斗精神的政党。重视用革命思想理论和奋斗精神建党兴党强党，是中国共产党的一个重要优良传统和优势。

没有革命的理论，就没有革命的行动。马克思主义政党通常是从思想建党开始进而创立组织的。而思想建党除了科学理论外，还包括党的精神建设。

政党精神既包括政党的理想宗旨、思想理论、纲领目标等这些观念性的"精神现象"，也指党的信仰追求、理想目标、性质宗旨、组织纪律、行为作风等内化为全体党员行动中的共同意志和精神特质，它构成了一个政党的品格品行、意志毅力，也构成了政党组织内在的聚合力、战斗力。因此，政党精神主要由政党的思想、理论、纲领和政党活动中的行为意志（"精气神"）两大部分所构成。讲政党精神建设，就要既重视党的思想、理论建设，也重视党的行为意志和心志毅力建设，或者也可以说，讲党的思想建设，包括观念性的理论建设和行为性的意志品行建设这两大部分的基本内容。前者是基础和前提，后者是前者的表现和行为化。两者的统一，就是政党的思想力量、精神力量，是党的灵魂和脊梁。

简单地说，政党精神，主要指内化为政党组织和全体党员知行合一的精神意志和精神力量，是政党组织在实践活动中所展现的精神风骨，是政党的精神标识，是政党在全部实践活动中展现出来的精神力量，就是人们通常说的那种"精气神"。

## 三、政党具有政党精神的客观依据

政党精神存在的客观依据是什么呢？总的说，这个依据就是：政党是由一定人群组成的社会组织，而人都是有其精神特性的。

人本质上就是一种有精神意志的动物，并且人的精神意志是可以由主体人自己自觉调控的。各类社会组织是人的群体化存在,把个体人身上的精神意志共性上升为集体的精神意志,并以一定方式去整合独立无序的个体精神意志,或者把组织的集体意志转化为个体成员的共识,便形成了集体性的精神意志。这样,一个组织、一个政党、一个民族、一个国家,必然会有精神意志的属性和要素。否则,一个政党的产生、活动和发展是不可想象的。

正如毛泽东同志指出:"人是要有一点精神的,无产阶级的革命精神就是由这里头出来的。"[1]这就是说,集体的精神意志来自个体人的精神意志。正是人所具有的这一本质特性,构成了一切社会群体组织及其活动中必然存在着精神意志的根据。

政党精神或者说政党的集体精神追求和行为意志,对政党组织和成员起着聚合、激励、引领、规整、约束等能动作用。

## 四、现代政治本质上是政党政治

人类社会在以往相当长的历史时期,实行的是皇权政治或者说家族政治。西方历史上曾出现过政教合一的皇权统治形态,但通常是家族化的皇权统治。

随着人类社会工商业的兴起,代表其利益的新兴资产阶级登上了历史舞台,在与皇权贵族阶层的斗争中,逐渐形成了新兴阶层的联盟,并进而最终产生了资产阶级政党。人类社会便由此拉开了由政党组织领导的与封建皇权、贵族政治斗争的序幕。自资产阶级政党夺得统治地位后,政治本质上就是政党政治。从人类政治文明发展史来讲,政党政治相较于封建家族、皇权政治而言是历史性进步,也是人类政治文明的历史性成果。

政党虽然不是、也不可能是全民政党,通常是社会的精英组织,但它与封建皇权的家族政治、教皇教派政治相比,有了根本性变化。它不是为了皇权家族和教派利益,而是代表新兴社会阶层向既定的食利阶层、统治阶层争

---

1.《毛泽东文集》第七卷,北京:人民出版社,1999年版,第162页。

夺社会地位和利益。早期政党通常是由具有共同利益、共同见识的一般群体联盟演化而来的。这类联盟逐渐有了更明确的目标、更成熟的组织形态之后，便形成了现代意义上的政党。现代政党，大都是一种由社会精英组成的政治组织，而不可能直接是"全民党"的。因此，无论在党内政治生活还是国家政治生活中，一般实行的是代议制（代表制），直接选举民主只能在一定范围内或特定时期偶然进行。所谓的"全民公投"，只能是一种偶发性的极端化形式，而不可能成为常态化的政治民主形态。

政党政治是现代政治文明的重要成果之一。如果说积极进取的精神是人类社会文明进步的重要动力的话，那么，服务于政党推动社会进步目标的积极进取的政党精神，不但是人类文明进步的重要成果，更是推动和引领人类文明进步的重要动力。因为，政党是现代社会最重要的社会组织，先进的政党更是引领现代社会发展的领导力量。

现代政治文明国家大都是由各类现代政党执政的，而各类现代政党也基本上是当今人类社会比较常见的政治组织。通常，现代政党是有政治纲领，有理念追求，对党员也有一定的纪律要求的。这些主张和要求又通过一定的组织制度、章程、决议以及党员的权利义务等方式，内化为党员的共同意志并付诸行动。这样，就形成了政党的精神特质，也就是政党在活动过程中展现出来的精神意志和精神风貌。这就是政党精神、政党文化产生的根本原因。

一个没有精神特质要求的政党，就谈不上是有理想使命抱负、有严格组织纪律、有统一聚合力的政党。一个政党如果没有共同的奋斗目标、理念及意志，就不可能作为真正的现代政党而存在，也难以在激烈的党派竞争中取得执政地位。当然，具有不同政治性质、不同目标理想、不同纪律作风、不同精神追求的政党，在其国家历史进程中的特性和作用，是不完全相同的。

## 五、马克思主义政党具有鲜明的政党精神

作为现代政党中最先进的马克思主义政党,具有更鲜明的政党精神。因为,马克思主义政党是有科学理论武装的,有着远大的奋斗目标、崇高的宗旨理想、严格的组织纪律和优良的工作作风。这些特点内化为各级党组织和全体党员的共识并付诸实践,就铸就出了马克思主义政党的独特精神品格,凝聚起强大的精神意志力量。

对于先进的马克思主义政党来说,要想带领人民群众战胜一切艰难困苦并不断取得胜利,就需要有坚强的革命斗志和强大的精神力量。这是马克思主义政党先进性、统一性、坚定性、革命性的突出的精神标识,是党的信仰灵魂、政治品格、性质宗旨、纪律作风的集中反映,也是党的凝聚力、领导力、感召力、战斗力的重要支撑。没有这种精神力量,党就会流于一般化的社会组织,就不可能去完成艰巨而崇高的使命。

恩格斯指出:"一个知道自己的目的,也知道怎样达到这个目的的政党,一个真正想达到这个目的并且具有达到这个目的所必不可缺的顽强精神的政党,——这样的政党将是不可战胜的。"[1]列宁也明确说过:"我国革命正处在困难时期,需要有团结一致的无产阶级政党那种坚强的意志、坚韧不拔的毅力和不屈不挠的精神,才能顶住怀疑、消极、冷淡和不愿意斗争的情绪。"[2]马克思主义政党就是有着这种不屈不挠顽强革命精神的先进政党。

从现代人类各类政党来看,马克思主义政党特别需要也更重视自己的政党思想理论和精神品格建设。这主要是由马克思主义政党的先进性和富有崇高理想使命决定的。马克思主义政党从诞生那一天起,就公开表明要消灭剥削阶级的旧世界和创造造福全人类的新世界,始终如一地忠实代表人民群众的根本利益。这就决定了马克思主义必须有系统的科学思想理论

---

1.《马克思恩格斯全集》第三十九卷,北京:人民出版社,1974年版,第139页。
2.《列宁全集》第十五卷,北京:人民出版社,1988年版,第338页。

武装,必须经受长期的严酷斗争,必须为崇高理想使命而顽强拼搏奋斗。

## 六、重视思想建党是中国共产党的一个优良传统和重要优势

中国共产党是一个具有崇高理想信念、政治情怀、组织纪律和精神品质的先进政党。也就是说,中国共产党是一个具有优良党魂、党性、党纪、党风的先进政党。在长期奋斗实践中,培育并锤炼出独特的精神品质,成为我们党从小到大、从弱到强、奋发拼搏、勇往直前的一个重要优势。

中国共产党各个重要历史阶段的主要领导人对党的思想理论、精神品质建设都有过很多论述。毛泽东同志1937年在《关于十五年来党的路线和传统问题》中指出,"党在今后还要并且能够继续与发展过去的英勇坚决的精神,领导中国革命走到胜利的目标,我们有此自信心"[1]。党夺取政权后,他要求全党"要保持过去革命战争时期的那么一股劲,那么一股革命热情,那么一股拼命精神,把革命工作做到底……我们从前干革命,就是有一种拼命精神……工作的时候就要有一股革命热情,就要有一种拼命精神"[2]。

邓小平同志曾把我们党的精神概括为五个方面:"毛泽东同志说过,人是要有一点精神的。在长期革命战争中,我们在正确的政治方向指导下,从分析实际情况出发,发扬革命和拼命精神,严守纪律和自我牺牲精神,大公无私和先人后己精神,压倒一切敌人、压倒一切困难的精神,坚持革命乐观主义、排除万难去争取胜利的精神,取得了伟大的胜利。搞社会主义建设,实现四个现代化,同样要在党中央的正确领导下,大大发扬这些精神。"[3]进入改革开放新的历史时期,邓小平同志又明确指出,"改革开放胆子要大一些,敢于试验,不能像小脚女人一样。看准了的,就大胆地试,大胆地闯。深圳

---

1.《毛泽东文集》第一卷,北京:人民出版社,1993年版,第505页。
2.《毛泽东文集》第七卷,北京:人民出版社,1999年版,第285页。
3.《邓小平文选》第二卷,北京:人民出版社,1994年版,第367—368页。

的重要经验就是敢闯。没有一点闯的精神，没有一点'冒'的精神，没有一股气呀、劲呀，就走不出一条好路，走不出一条新路，就干不出新的事业"[1]。

对我们党的精神建设，习近平总书记作过大量的深刻论述。他反复强调，全党要结合时代特点继承和发扬党优良的政治品格、革命精神、斗争精神、奋斗精神。2013年12月26日，习近平总书记在纪念毛泽东同志诞辰120周年座谈会上的讲话中指出："毛泽东同志创造性地解决了在中国这种特殊的社会历史条件下建设马克思主义政党的一系列重大问题，把党建设成为用科学理论和革命精神武装起来的、同人民群众有着血肉联系的、思想上政治上组织上完全巩固的马克思主义政党。"[2]我们党既需要用"科学理论"来武装，也需要用"革命精神"来锻造。习近平总书记强调指出："历史告诉我们，战争不仅是物质的较量，更是精神的比拼。没有顽强的意志，没有敢于牺牲的品质，再好的武器装备也不能保证胜利。"[3]

在新时代的历史进程中，我们要"实现中国梦必须弘扬中国精神。这就是以爱国主义为核心的民族精神，以改革创新为核心的时代精神。这种精神是凝心聚力的兴国之魂、强国之魂。爱国主义始终是把中华民族坚强团结在一起的精神力量，改革创新始终是鞭策我们在改革开放中与时俱进的精神力量。全国各族人民一定要弘扬伟大的民族精神和时代精神，不断增强团结一心的精神纽带、自强不息的精神动力，永远朝气蓬勃迈向未来"[4]。

一个民族、一个政党，唯有精神上达到一定高度，才能在历史的洪流中屹立不倒、奋勇向前。党在历史上形成的丰富的革命精神具有跨越时空永不过时的价值，是激励我们不忘初心、牢记使命的不竭动力。

---

1. 《邓小平文选》第三卷，北京：人民出版社，1993年版，第372页。
2. 习近平：《在纪念毛泽东同志诞辰120周年座谈会上的讲话》，北京：人民出版社，2013年版，第5页。
3. 习近平：《在庆祝中国人民解放军建军90周年大会上的讲话》，北京：人民出版社，2017年版，第9—10页。
4. 习近平：《习近平谈治国理政》第一卷，北京：外文出版社，2018年版，第40页。

重视思想建党立党,是马克思主义先进政党的一个本质特点和重要优势。党的思想理论与精神风骨有其共性,它们同属于党的精神力量,但两者还是有明显区别的。我们党的思想理论就是马克思主义及不断时代化的马克思主义,属于"主义"范畴,是党的思想和党的灵魂,是党的行动指南,而我们党的精神意志,则是建立在党的思想理论基础上的行为化的精神力量,是党组织和广大党员在实现党的奋斗目标过程中表现出来的"精气神"。广义地讲,党的思想建设也包括了党的"精气神",同样,党的"精气神"也体现并包含着党的思想理论、目标宗旨等内容。当然,党的"精气神"主要侧重反映把党的思想理论、理想信念等转化为党组织、党员行为活动中的价值取向、纪律作风、心态意志和先锋模范作用等内容。中国共产党的伟大建党精神及其精神谱系,就是党在全部实践活动中所展现出来的强大的精神力量。

中国共产党的革命奋斗精神是中国共产党人在长期奋斗实践中形成、发展起来的。它既体现了马克思主义的科学真理,又传承了中华民族优秀精神文化传统;既体现了党的性质宗旨、理想信念、组织纪律等精神特质,又反映了从斗争实践中总结淬炼出来的时代精神风貌。中国共产党的革命奋斗精神不是只停留在思想理论和主观意识层面的东西,而是内化为全体党员世界观、价值观和人生观并在实际行为中自觉表现出来的执着信念、赤胆忠诚、崇高境界、坚毅勇气、炽热情感、顽强意志、高尚风范等,这是一种具有强烈实践性的精神意志现象,具有统合组织、凝心聚力、感召群众、战胜困难,保持党的凝聚力、战斗力、领导力和先进性的独特作用,是党旺盛生命力和奋发前行的精神支撑,集中体现了我们党的政治品质和政治胸怀,体现了我们党的思想素养和精神力量。党的这种革命奋斗精神和意志力量,既渗透在党的政治建设、思想建设、组织建设、作风建设、纪律建设和制度建设之中,更在党的各级组织和广大党员干部实践活动中鲜活地表现为强大的"精气神"。它包含了党的理想、信念、宗旨、目标等内容,也包括由这些内容转化而来的党员在行为活动中的价值取向、纪律作风、心态意志和先锋模范作用等要素。我们党的精神品质就是党在全部实践活动中所展现的强大的精神力量。

因此，马克思主义政党既要坚持思想建党，也要重视精神品质建设，两者的结合，就是党的精神力量建设。中国共产党的百年奋斗进程，就是中国共产党伟大建党精神创立、延续、丰富和发展的过程。中国共产党是一个有着可歌可泣精神发展史的大党，它锻造出了以"伟大建党精神"为内核的丰富厚重的红色精神谱系，并在时代实践中不断得到新的洗礼和升华。

# 09 伟大建党精神时代价值的学理依据

第九篇

## 一、伟大建党精神体现人类合理有效的实践活动的基本逻辑

中国共产党的百年奋斗史，也是中国共产党的精神发展史。伟大建党精神在党的红色精神谱系中具有源头地位，涵养着党的精神家园，构筑起百年来中华民族奔腾向前的新的精神江河。在庆祝中国共产党成立100周年大会上的讲话中，习近平总书记首次明确提出了"伟大建党精神"，并准确阐述了中国共产党伟大建党精神的丰富内涵及其重大意义，从而构建起中国共产党精神发展史的完整链条和中国共产党人的精神谱系，开创了研究党的精神文化发展史的新境界，极大地丰富了马克思主义政党建设的科学理论。伟大建党精神是我们党的精神之源，也是党的革命性、先进性之源，具有超越具体时空的普遍价值。

"建党精神"作为一个科学概念，是指政党在建立时就形成并践行的政治品质和精神风范，是"建设一个什么样的党、怎样建设党"的重要内容，也是一个政党的政治理想，即要"建设一个什么样的社会、怎样建设这个社会"的集中反映。可以说，"伟大建党精神"

构成了我们党的生命灵魂和内在品质,在我们党的发展过程中有着独特地位和重要意义。

从马克思主义哲学世界观和方法论高度分析伟大建党精神普遍价值的内在学理依据,即一切社会主体活动的现实有效展开都应遵循的基本逻辑。

一般地讲,包括政党组织在内的人类社会主体正确有效的实践活动的基本依据,主要有以下几个基本逻辑:一是必须遵循事物发展的客观规律(实践客体);二是必须满足人们(实践主体,但实践主体又分为个体与群体,群体类型则极为繁多,比如国家、政党、阶层、企业等)的实际利益需要;三是实践主体必须展开现实的实践活动并运用一定的实践工具和方法。这就是辩证唯物主义和历史唯物主义所揭示的,人类任何活动主体和社会组织进行科学合理的实践活动时,都应遵循合事物客观规律性、合社会(人民)利益价值性和合现实规律实践性及三者辩证统一的基本原理。而实践活动中这三大基本要素的现实统一,是一个变动的、开放的历史发展过程,它们任何一个条件的改变,都会改变实践活动的效能,甚至影响社会发展。

马克思主义揭示了人类社会的一般发展规律、人民群众的历史主体地位和根本利益以及通过共产党领导的实践活动实现理想目标的根本道路,形成了不断丰富发展的马克思主义科学理论。马克思主义及其政党的全部活动,只有遵循符合事物发展规律的真理(客体)逻辑、符合人民利益的价值逻辑、符合现实规律的实践逻辑以及三者辩证统一的基本原理,才能确保党自觉地把握历史发展趋势、实现人民根本利益,引领时代发展,切实有效地推动党和人民的事业并不断取得成功。正如习近平总书记所强调的,"对马克思主义的信仰,对社会主义和共产主义的信念,是共产党人的政治灵魂,是共产党人经受住任何考验的精神支柱"[1],"中国共产党人的理想信念建立在对马克思主义的深刻理解之上,建立在对历史规律的深刻把握之上"[2]。在

---

1. 习近平:《习近平谈治国理政》第一卷,北京:外文出版社,2018年版,第15页。
2. 习近平:《习近平谈治国理政》第三卷,北京:外文出版社,2020年版,第519页。

纪念马克思诞辰 200 周年大会上的讲话中，习近平总书记指出："马克思主义是科学的理论，创造性地揭示了人类社会发展规律"；"马克思主义是人民的理论，第一次创立了人民实现自身解放的思想体系"；"马克思主义是实践的理论，指引着人民改造世界的行动"；"马克思主义是不断发展的开放的理论，始终站在时代前沿"。

这里需要说明的是，由于社会主体是可以按相应的共同利益和共同特性划分为不同类型的主体的，比如，全人类、人民、不同国家、不同阶层、不同群体等，因此，在人类现实的活动中，除了客体逻辑、主体逻辑和实践逻辑这三大基本逻辑外，还可以更具体地划分为各种不同类型的实践主体及其千姿百态的主客体关系。当我们探讨政党及其政党活动时，就可以将政党作为独特的活动主体。也就是说，可以从社会、人民主体中相对独立地划分出政党的活动主体。中国共产党的性质宗旨、初心使命及其全部活动，都是为了中国人民的根本利益，党作为活动主体与人民主体是完全统一的。但党作为先锋队政治组织和领导者，又有相对独立的更高的主体要求，需要具备更高的素质、规范和能力，从而发挥自己的先锋模范作用。

因此，当我们分析马克思主义理论及其政党全部活动合理有效性的基本依据时，就可清晰地看到，我们党的奋斗实践最基本的逻辑，主要有符合事物发展规律的真理逻辑、符合人民利益的价值逻辑、符合现实规律的实践逻辑和党组织自身先进性的主体逻辑。而伟大建党精神的基本内涵恰好揭示和体现了上述四大基本逻辑，使其具有深刻的哲理基础。

## 二、伟大建党精神是真理逻辑、人民逻辑、实践逻辑和党组织主体逻辑的高度统一

"伟大建党精神"作为中国共产党的本质属性和精神标识，在党创建之初就已内在包含着党的性质宗旨、初心使命、组织纪律要求等政治品质，同时又在党成长、发展过程中得到了丰富和发展。党的百年奋斗史，既创造了各类物化有形的历史成就，也创造了蔚为壮观、气吞山河的红色精神财富。

伟大建党精神深刻体现了中国共产党为实现初心使命而展开的全部活动中所包含的真理逻辑、人民逻辑、实践逻辑和党组织主体逻辑高度统一的马克思主义基本原理。

"坚持真理、坚守理想",集中诠释了中国共产党人坚定地追求马克思主义科学理论和理想信念的真理逻辑。一个政党追求的理想目标和为之奋斗的实践活动,只有建立在社会发展客观规律的基础上,才有可能取得成功。马克思主义深刻揭示了自然界、人类社会、人类思维发展的普遍规律,为人类指明了从必然王国向自由王国飞跃的发展趋势,阐明了人民获得自由解放的根本途径。中国共产党从创立那天起,就鲜明地把马克思主义作为自己的思想灵魂和指导原则。百年来,中国共产党人坚定不移地坚持马克思主义基本原理,坚持不懈地推进马克思主义中国化时代化,不断开辟马克思主义新境界,创立了毛泽东思想、邓小平理论,形成了"三个代表"重要思想、科学发展观,创立了习近平新时代中国特色社会主义思想,为党和人民事业发展提供了科学理论指导,为丰富和发展马克思主义作出了重大的原创性贡献。党的奋斗历史,就是不断推进马克思主义中国化时代化的历史,就是不断推进理论创新、理论创造的探索史,就是不断丰富和发展马克思主义的历史。中国共产党百年实践活动,本质上都是在马克思主义科学理论指导下探索规律、追求真理、实现理想的过程。取得政权后,深入探索和掌握人类社会发展规律、社会主义社会建设规律和共产党执政规律,是我们党开展全部实践活动的基本依据。

"坚持真理、坚守理想"集中展现了中国共产党人始终如一的思想品质,体现了我们党追求客观真理、坚定理想信念的底色。从根本上讲,中国共产党为什么能,中国特色社会主义为什么好,归根到底是因为马克思主义行。马克思主义认为,只有认识和遵循外部事物的客观规律,人们才能获得合目的的行动自由。不断丰富发展着的马克思主义,是中国共产党人认识世界、把握规律、追求真理、改造世界的强大思想武器,是保证党和人民的实践活动符合客观规律的科学依据,也是我们党占据真理制高点的重要基础。"坚持真理、坚守理想"的精神内涵,就深刻揭示和诠释了我们党尊重事物发展规律、服从客观真理、胸怀远大理想的鲜明品质和优良传统。

"践行初心、担当使命",集中诠释了中国共产党为人民谋幸福、为中华民族谋复兴的人民逻辑。一个政党所追求的目标理想和为之奋斗的实践活动,只有代表和符合人民群众的根本利益,才能真正获得人民的拥护和支持。中国共产党是一个全心全意为人民服务的政党。坚持立党为公、人民至上是我们党的根本立场。始终为中国人民谋幸福、为中华民族谋复兴,是我们党的初心使命。"践行初心、担当使命"集中体现了中国共产党的初心使命和性质宗旨。习近平总书记指出:"江山就是人民、人民就是江山,打江山、守江山,守的是人民的心。中国共产党根基在人民、血脉在人民、力量在人民。中国共产党始终代表最广大人民根本利益,与人民休戚与共、生死相依,没有任何自己特殊的利益,从来不代表任何利益集团、任何权势团体、任何特权阶层的利益。"[1] 初心因不懈践行而结出丰硕果实,使命因勇于担当而谱写动人乐章。正因为我们党紧紧依靠人民创造历史,坚持全心全意为人民服务的根本宗旨,始终站稳人民立场,认真贯彻党的群众路线,切实尊重人民首创精神,坚定践行以人民为中心的发展思想,才能团结带领人民不断创造更加美好的生活,取得一个又一个的伟大胜利。

我们党的初心使命,集中展现了我们党始终代表人民根本利益、全心全意为人民服务、与人民群众同呼吸共命运这个根本政治立场,展现了我们党始终代表中华民族根本利益、对中华民族历史和未来负责的这个崇高政治使命。这是中国共产党政治品质的鲜明特点,也是我们党的实践活动符合人民根本利益的集中体现。我们党的实践活动不仅合乎客观规律性,而且因合乎人民利益而始终占据道义的制高点。

"不怕牺牲、英勇斗争",集中体现了中国共产党人为追求真理,践行初心使命而顽强奋斗的实践逻辑。一切美好的理想目标,只有凭着现实的实践行动和坚韧不拔的奋斗毅力,才能成为现实。中国共产党人为了实现马克

---

1. 习近平:《在庆祝中国共产党成立100周年大会上的讲话》,北京:人民出版社,2021年版,第11—12页。

思主义所揭示的人类社会发展的美好理想,为了担负起中国人民的幸福生活和中华民族独立复兴的历史使命,在百年非凡奋斗历程中,一代又一代中国共产党人视死如归、忘我奉献、顽强拼搏、不懈奋斗。我们党广泛动员、组织并领导各族人民进行前所未有的艰苦斗争,用中国人民自己的生命和汗水去创造自己的新生活,去实现国家的繁荣昌盛。只有不怕牺牲、不懈奋斗,才能写就恢宏史诗。中国的革命、建设、改革,就是在异常复杂的内外环境中进行的,道路之险、挑战之多,实属世所罕见。但我们党团结带领人民通过艰难磨砺、顽强斗争,终于在苦难中杀出血路,感天动地,创造人间奇迹。

党的百年发展史,就是中国共产党团结带领中国人民,浴血奋战、百折不挠,自力更生、发愤图强,解放思想、锐意进取,自信自强、守正创新的不懈奋斗史。我们事业的成功都是经过艰辛探索、艰苦奋斗取得的。我们党正是依靠艰苦卓绝的奋斗,才克服前进道路上的重重困难,取得一个个历史成就。中国共产党人在奋斗征程中锤炼出的不畏强敌、不惧风险、不怕牺牲、勇于奉献、敢于斗争、勇于胜利的伟大风骨和品质,不但成为我们党鲜明的政治品质和精神风采,而且早已成为我们党和人民改造世界的强大实践力量。

科学合理、正确有效的奋斗实践,需要形成一系列行之有效的实践路径和实践方法。百年历史证明,党要开展合理有效的实践活动,必须坚持党的集中统一领导、坚持革命理想信念、坚持马克思主义指导下的理论探索创新、坚持人民立场、坚持中国特色社会主义制度、坚持推进国家治理体系和治理能力现代化、科学制定正确的路线和方针政策、制定并实施合理可行的规划和计划,按照党的基本理论、基本路线和基本方略,协调统揽伟大斗争、伟大工程、伟大事业、伟大梦想,从而在大政方针上确保党和国家各项事业积极有效地向前推进。

一切成就都是实践奋斗的结果,一切事业都需要在接续奋斗中推进。中国共产党以实践奋斗铸就历史,也必将以实践奋斗创造新的伟业。由此可见,"不怕牺牲、英勇斗争"集中诠释了我们党顽强奋斗的精神风骨和富有成效的实践逻辑。

"对党忠诚、不负人民",集中诠释了中国共产党人为追求真理,践行初心使命而加强党组织先进性建设的主体逻辑。在当今中国,东西南北中,党是领导一切的。我们党要带领人民实现美好的理想目标,有效应对前进道路上的各种风险,保持国家长治久安,顺利推进各项事业,关键取决于中国共产党自身。党是自己全部实践活动的主体,又是团结带领人民开展各项事业建设实践活动的动员者、组织者、领导者,是总揽全局、协调各方的领导核心,因而党在各项事业发展实践中的领导地位、主体责任、主体作用是显而易见的。中国共产党既来自人民,为了人民而成为人民主体的一部分,又承担着领导者和发挥着领导核心作用而成为独特的先锋主体。党的主体逻辑主要是指它的领导核心地位、领导责任和先进的素质能力,当然也指我们党本身就是党的全部实践活动的主体。中国共产党要始终成为时代先锋、民族脊梁,始终成为马克思主义执政党,自身必须始终过硬,必须全面加强党的伟大工程建设,使党的主体素养、能力和党的先进性不断得到提升。

党组织先进性的主体逻辑,要求党的各级组织和广大党员必须按照党的纲领、章程和民主集中制原则严格要求自己,必须执行严明的组织纪律和优良作风。其中,各级党组织和每个党员最基本的组织纪律要求,或者说党的各级组织和每个党员都应有的最基本义务,就是要"对党忠诚、不负人民"。对党忠诚、永不叛党,是党员从入党那天起,就必须遵循的最基本的组织原则和纪律要求,也是党员最起码的党性原则和品德要求。马克思主义先进政党,必然有先进的党性、党魂、党德、党纪、党风,使党成为坚强统一的政治组织。"对党忠诚、不负人民"作为党对党员最基本的组织纪律和党性品德要求,也是党员对党的最基本义务和最基本行为准则。对党忠诚是坚持科学真理、坚定理想信念的最好诠释,也是践行党的初心使命、为党和人民事业不懈英勇奋斗、发挥党员先锋模范作用的最好证明。

党性与人民性、对党忠诚和不负人民,是高度统一的。对党忠诚、为党的事业而奋斗,就是忠诚于人民和人民的事业。忠诚于党的事业,归根结底要表现在为人民谋利、为人民做事、为人民造福的实际行动上。党员作为社会群众中的先进分子其表现出来的先锋模范作用,就在于不辜负党和人民,实实在在地为人民谋利。

因此,伟大建党精神内含的"对党忠诚、不负人民"的要义,不仅集中诠释了党对各级党组织和党员的基本要求,也是我们党百年奋斗实践的一个鲜明品质。"对党忠诚、不负人民"来自实践又指导党的建设实践,它要求党的各级组织和广大党员应更自觉自律地严格要求自己,用自己内在的道德品行去保证党的肌体的先进性和纯洁性,去锤炼党的主体逻辑(党性、素质、能力等)的养成提升,从而使我们党始终保持青春活力,在奋斗实践中不断提高创造力、凝聚力和战斗力。

总之,伟大建党精神高度凝练了我们党的指导思想、基本性质、根本宗旨和初心使命,集中浓缩了人类合理有效的社会实践和马克思主义政党实践活动的基本成因逻辑,即客观的真理逻辑、人民的价值逻辑、奋斗的实践逻辑和党组织自身先进性的主体逻辑及其内在统一。马克思主义理论创新和我们党的全部实践活动,都是基于人类合理有效的实践活动的基本逻辑而现实展开的。伟大建党精神以其独特方式蕴含和体现了这些基本逻辑,体现了科学真理力量、价值道义力量、奋斗实践力量和党组织主体力量及其内在的统一,是集真理性、人民性、实践性和主体性为一体的精神大厦,具有超越具体时空的普遍价值。

## 三、结合时代特点大力弘扬伟大建党精神

习近平总书记指出:"一百年来,中国共产党弘扬伟大建党精神,在长期奋斗中构建起中国共产党人的精神谱系,锤炼出鲜明的政治品格。历史川流不息,精神代代相传。我们要继续弘扬光荣传统、赓续红色血脉,永远把伟大建党精神继承下去、发扬光大!"[1]当我们站在开启新的百年奋斗进程的历史高度去领悟伟大建党精神的时代意义时,就更加感到走向新时代的中

---

1. 习近平:《在庆祝中国共产党成立100周年大会上的讲话》,北京:人民出版社,2021年版,第8页。

国和中国共产党人,需要不断赓续红色精神血脉,不断锤炼党的政治品质和精神风骨,不断铸就以伟大建党精神为内核的强大精神力量。

中国特色社会主义进入新时代,意味着中华民族迎来了从站起来、富起来到强起来的伟大飞跃,迎来了实现中华民族伟大复兴的光明前景,马克思主义进入了新境界,党和国家事业在全面建成小康社会取得历史性胜利后开启了全面建设社会主义现代化强国的新征程,全国各族人民进入了团结奋斗、共创美好生活、逐步实现共同富裕的新阶段。一个民族的复兴不仅需要强大的物质力量,也需要强大的精神力量。实现中华民族伟大复兴,是一场震古烁今的伟大事业,需要坚韧不拔的伟大革命奋斗精神。精神文化是一个民族和国家的根与魂,代表着这个民族和国家的思想深度、历史厚度、生活情趣、文明范式,是其生存和发展最具辨识度的独特品性,也是其最基本、最深沉的力量。从根本上说,中国精神、中国文化构成了中国发展最为深厚坚挺的脊梁。

世界百年未有之大变局正加速演化。当今世界,国际力量、国际格局、国际秩序、国际治理正加快分化整合,国际贸易、国际市场、国际交往和国际合作摩擦冲突增多,单边主义、保护主义、民族主义、逆全球化暗流涌动,中美两国关系进入严峻博弈时期,世界秩序的无序性和碎片化现象更为突出。历史和现实一再证明,各国竞争除了取决于经济、军事、科技力量等有形"硬实力"外,还取决于思想文化、精神意志、伦理道义、价值取向等"软实力"的较量。精神文化关涉国家的文化安全和意识形态安全。面对错综复杂、风险多发的国际时局,我们必须坚定信念,增强战略定力,传播中国智慧,弘扬中国文化,提升中国国际形象。

走过波澜壮阔百年奋斗史的中国共产党,正领导各族人民意气风发地开启全面建设社会主义现代化国家新征程。但我们党清醒而深刻地认识到,实现中华民族伟大复兴、全面建设社会主义现代化国家的伟大梦想,必须进行具有许多新的历史特点的伟大斗争,必须深入推进党的建设新的伟大工程,必须全面推进中国特色社会主义伟大事业。党的十九大报告指出,全党要"深刻认识党面临的精神懈怠危险、能力不足危险、脱离群众危险、消极腐败危险的尖锐性和严峻性，坚持问题导向，保持战略定力，推动全面从严治党向纵深发展"[1]。解决"精神懈怠"问题是党的思想、精神建设的直接任务。习近平总书记语重心长地指出，"我之所以不断强调坚定理想信念，是因为这是事关马克思主义政党、社会主义国家的精神力量和前途命运的根本问题"[2]。

党的理想信念、精神家园和精神力量建设，事关党和国家的前途命运。我们党要在国内外形势深刻变化的过程中始终走在时代前列，在应对各种严峻风险和重大考验中始终成为全国人民的主心骨，在社会主义现代化建设进程中始终成为坚强领导核心，就必须全面加强党的精神力量建设，大力弘扬以伟大建党精神为内核的时代精神，高举新时代思想旗帜，坚固新时代精神支柱，推进新时代红色精神家园建设。

伟大建党精神是中国共产党人的政治品质和精神风骨，是我们党区别于其他政党及社会组织的鲜明特性，也是我们党继往开来的强大精神力量，必将在新时代伟大历史进程中不断丰富发展。伟大建党精神既是中国共产党诞生的基本标志，也是中国共产党的精神之源和党的整个发展奋斗史的重要内容。中国共产党开展的伟大斗争，开创的伟大道路，进行的伟大事业，创造的伟大成就，这一切都同弘扬伟大建党精神紧密相连。中国共产党之所以能，中国共产党之所以历经百年依然风华正茂，一个真谛就在于形成和弘扬了伟大建党精神。

习近平总书记在庆祝中国共产党成立100周年大会上的讲话中强调："我们要用历史映照现实、远观未来，从中国共产党的百年奋斗中看清楚过去我们为什么能够成功、弄明白未来我们怎样才能继续成功，从而在新的征

---

1. 《中国共产党第十九次全国代表大会文件汇编》，北京：人民出版社，2017年版，第49页。
2. 习近平：《推进党的建设新的伟大工程要一以贯之》，《求是》2019年第19期。

程上更加坚定、更加自觉地牢记初心使命、开创美好未来。"[1]百年历史告诉我们，伟大建党精神是中国共产党建党立党、兴党强党和执政兴国的宝贵精神财富，是我们党和人民为什么成功的密码。毫无疑问，也必将是新时代坚持和发展中国特色社会主义的强大精神力量，是我们党和人民继续成功的重要法宝。我们要结合时代特点大力学习弘扬伟大建党精神，用党的伟大精神推动新时代伟大实践，在新时代的"赶考"路上，不断赋予其新的时代内涵，让它绽放出更加夺目的时代光芒。

我们再怎么前行，也不能忘记走过的路；我们走得再远，也不能忘记从前的初心。一百年前，中国共产党在上海、嘉兴南湖的红船上点亮中国前进的红色灯塔。今天，当站在"两个一百年"奋斗目标历史交汇点上回望伟大建党精神时，我们深深领悟到：这不仅是因为它铭刻着中国共产党的历史，更是因为其中蕴含的红色基因昭示着中国共产党和中华民族的美好未来。在聆听历史的回响中，中国共产党将高扬伟大建党精神，不忘初心、牢记使命，永远奋斗，为实现中华民族伟大复兴的中国梦谱写更加辉煌的篇章。

---

1. 习近平：《在庆祝中国共产党成立100周年大会上的讲话》，北京：人民出版社，2021年版，第10页。

# 第十篇 中国共产党化危局开新局的若干哲学启示

中国共产党走过了百年光辉征程，书写了中华民族几千年历史上最恢宏的史诗，积累了领导中华民族推进全面复兴及自身建设极为丰富的经验。习近平总书记指出，我们党的百年奋斗史有一个很重要的优良传统，就是能不断总结历史经验，不断提高应对风险、迎接挑战、化险为夷的能力水平。认真总结党百年征程中应对风险、化险为夷的经验教训，是我们更好应对前进道路上各种可以预见和难以预见风险挑战的弥足珍贵的财富。

## 一、中国共产党从诞生走向成熟

中国共产党从投身大革命到经历大革命失败，经过艰难曲折和付出沉痛教训后，才逐步探索走出了一条农村包围城市、开展武装夺取政权的革命道路，直到1935年1月遵义会议确立了毛泽东同志在党中央和红军的实际领导地位，我们党终于第一次实现了化危局开新局的历史性大转折。这个化险为夷的历史过程，既反映了中国共产党建党早期阶段难以完全避免的艰辛，也包含着中国共产党必然战胜一切困难而发展壮大的内在逻辑，给我们留下了许多深刻的哲学启迪。

同任何事物成长一样，中国共产党的成长壮大也不可能是一帆风顺的，必然要经历一个从诞生、成长到逐步成熟的历史过程。党在诞生之初，组织力量极其微弱。1921年党的第一次全国代表会议，也只代表着50多名中国共产党党员。到1923年，党员只有几百名。1923年2月京汉铁路大罢工失败后，我们党进一步意识到，光靠共产党组织和工人阶级的力量要取得革命成功，是远远不够的，必须采取团结一切可以团结的力量的方针。1923年6月召开的党的第三次全国代表大会就作出了同国民党开展合作的决定。

中国共产党的这一主张与当时国民党领导者孙中山先生的主张不谋而合——孙中山深感国民党自身腐败、党派林立、四分五裂、相互斗争、缺乏活力和群众基础，他看到了中国共产党的生机活力和日益扩大的群众基础。鉴于国内外局势，孙中山先生正式提出了改造国民党的"联俄""联共""扶助农工"三大政策。这样一来，中国共产党与国民党便有了第一次合作。为了保持中国共产党的独立性，党决定共产党员以个人身份参加国民党的工作。1924年、1925年，国共合作顺利推进并极大地推动北伐战争和大革命高潮的到来，中国共产党自身也获得了较快发展。

但是，1925年3月孙中山先生的逝世和8月廖仲恺先生被暗杀，使国民党党内主张国共合作的主要左派力量大为削弱，特别是随着蒋介石集团力量的迅速崛起，蒋介石不断暴露出反共反人民的本质。自1926年3月制造中山舰事件后，他就接连不断地排斥和打击共产党力量。1927年4月，正当北伐战争在全国轰轰烈烈展开时，蒋介石在上海发动了震惊中外的"四一二"反革命政变。同年7月，汪精卫也彻底背叛了革命，从而使第一次国共合作最终破裂，大革命失败，革命由高潮转入低潮。据有关资料统计，从1927年3月至1928年上半年，被国民党反动派杀害的共产党员和革命群众达31万余人，其中共产党员2.6万多人，原本有近5.8万名的党员急剧减少到了1万多人。[1] 这是中国共产党诞生以来第一次面临生死存亡的历史性考验。

面对敌人的血腥镇压，不屈不挠的中国共产党人没有丧失理想信念，没有低头退却。正如毛泽东同志所说，1927年大革命失败后，共产党人"从地下爬起来，揩干净身上的血迹，掩埋好同伴的尸首，他们又继续战斗了"[2]。在如此危局形势下，真正的共产党人以坚定的信念和意志奋起战斗，冷静分析局势，吸取沉痛教训，批判纠正了大革命后期以陈独秀为代表的右倾机会主义错误，以及后来以李立三、王明为代表的"左"倾教条主义错误，通过南昌起义、秋收起义等一系列武装斗争，建立共产党领导的革命武装力量、创建多个革命根据地和建立苏维埃政权，深入开展农村土地革命，逐步探索走出了农村包围城市、武装夺取政权的革命道路。

其后，又经过艰苦卓绝、百折不挠的斗争，直至1935年1月遵义会议，终于确立了毛泽东在党中央和红军的领导地位，形成了以毛泽东为代表的中国共产党第一代中央领导集体。至此，我们党才真正开启了独立自主解决中国革命实际问题的新阶段，在危急关头挽救了党和红军，从而经受住了大革命失败以及后来曲折危难的种种考验，逐渐实现了化危局开新局、化险为夷的伟大转折，我们党也由创立幼稚时期逐渐走向了成熟阶段。

## 二、中国共产党化危局开新局的几点哲学启示

以史鉴今，我们至少可以从中国共产党的这段艰难困苦的历史转折中得到以下几点哲学启示。

### 1. 必须坚持历史发展的正确方向

中国共产党从诞生那天起，就坚信马克思主义所揭示的未来社会主义

---

1. 参见中共中央党史研究室：《中国共产党的九十年》（新民主主义革命时期），北京：中共党史出版社、党建读物出版社，2016年版，第101—102页。
2. 《毛泽东选集》第三卷，北京：人民出版社，1991年版，第1036页。

和共产主义是人类社会发展的必然方向，并以此作为党的崇高奋斗理想。同时，我们党也在实践中逐渐认识到，实现人类美好理想必须要同本国国情和不同历史发展阶段的实际相结合。

人类历史发展的正确方向，是指基于人类历史客观规律基础上的人类未来发展必然要产生的更高社会形态，这里还包括人类物质文明、政治文明、精神文明、社会文明、生态文明等更为具体的领域的发展趋势。人类历史发展的正确方向，还泛指符合人类生存和发展规则、符合全人类共同价值、符合绝大多数国家和人民利益的事物，即便一时受到非议或反对，也终将会被多数人所赞同和支持。比如，人们常讲的"得道多助，失道寡助""大道之行也，天下为公"，也主要指坚持人类社会正确发展方向、代表人类社会共同利益的意思。

通常，一个政党认为、追求的人类社会发展方向，就是该政党的政治奋斗目标，并直接体现在政治纲领特别是建党纲领中。1921年7月中国共产党第一次全国代表大会讨论并通过了《中国共产党的第一个纲领》，确定了党的名称、奋斗目标以及建立中央和地方机构等组织制度。1922年7月，中国共产党第二次全国代表大会更深入系统地分析了中国社会半殖民地半封建的基本性质，在此基础上明确提出了党的最低纲领和最高纲领。最低纲领是"消除内乱，打倒军阀，建设国内和平；推翻国际帝国主义的压迫，达到中华民族完全独立；统一中国为真正的民主共和国"[1]。党的最高纲领是"建立劳农专政的政治，铲除私有财产制度，渐次达到一个共产主义社会"[2]。由此确定了我们党反帝反封建，通过阶级斗争实现创建"共产主义社会"的政治理想信念。

在前进道路上遇到狂风暴雨、生死存亡的危局关头，才是真正考验一个人、一个政党理想信念坚定与否的关键时刻。尽管我们党刚刚成立，还在幼

---

[1] 中共中央党史研究室：《中国共产党历史 第一卷（1921—1949）》，北京：中共党史出版社，2011年版，第79页。

[2] 同上。

年时期，组织力量相对弱小，斗争经验相对不足，并且接连遭遇到一系列重大危局考验，比如，从党诞生到大革命失败，到第五次反"围剿"严重失利，再到长征途中种种生死挑战等，但在生死危局考验面前，我们党从来没有放弃自己的政治理想，没有放弃马克思主义的真理信仰，没有放弃自己确立的初心使命。党的基本骨干和基本队伍始终是坚守革命信念，坚持历史发展正确方向的，是为中华民族伟大复兴而不懈奋斗的。即使像陈独秀等人犯了右倾机会主义错误，但那一代多数共产党人对马克思主义信仰并没有动摇，对中华民族历史发展的正确方向是坚定不移的。共产党人坚定地相信马克思主义、社会主义能够救中国，认为中国的未来发展方向，那一定是无产阶级、人民大众自己创造的新社会，经过新民主主义革命后必然是社会主义革命，社会主义和共产主义必定是中国未来发展的方向和出路。"砍头不要紧，只要主义真，杀了夏明翰，还有后来人。"这就是那一代真正共产党人非常形象、非常典型的信仰写照。为了追求真理和美好未来，他们可以牺牲自己的生命，雄赳赳、气昂昂地走向刑场。

一百年来，中国共产党人不管遇到什么艰难困苦甚至生死存亡的危局，都始终不渝地坚持马克思主义真理，坚守社会主义、共产主义信念，坚信未来美好的光明前途。历史启示我们，任何时候都会有困难、有危局、有挑战，但只要坚信马克思主义所揭示的人类社会历史发展规律，深刻领悟和把握历史发展正确方向，就能增强战略定力和坚强精神意志，就能乱云飞渡仍从容，就能逢山开路、遇水架桥，就能克敌制胜，赢得未来。

今天，面对风云变幻的国际局势，我们同样要敢于和善于把握历史发展的正确方向，既不走过去那种封闭僵化的老路，也不走改旗易帜的邪路，而是坚定地走中国特色社会主义道路。

2. 必须坚持历史发展的人民主体地位

对马克思主义和共产党人来说，人民是历史的创造者，是社会的主人，人民利益高于一切。中国共产党来自人民，一切为了人民。

中国共产党从诞生那天起，就十分注重把党所奋斗的事业与工农群众相结合。我们党的党旗党徽就是由工人的锤子和农民的镰刀组成的。在党创建前后，特别在大革命高潮中，一大批先进分子和党员骨干就深入工厂、矿区和农村广泛动员工农群众参加革命，组织工会和工人开展罢工运动，组织农会和开办农民讲习所。在北伐战争时期，中国共产党领导的工农群众运动搞得风生水起，热火朝天，极大地推动革命高潮的到来。

工农群众迸发出来的革命热情，迅速扩大了我们党的影响，壮大了党的力量，吓坏了蒋介石反动集团。蒋介石感到共产党和工农群众广泛地结合在一起，将是一股汹涌的强大力量，会对他的野心构成严重威胁，因而他决心要对中国共产党人进行遏制、清党和追杀，直至1927年4月公开发动了"四一二"反革命政变。陈独秀等人在大革命的后期，消极维护国共合作，对蒋介石反动集团的打压行径，采取妥协退让方针，并在一定程度上压制工农力量，犯了右倾机会主义错误，差点断送了党的前途命运。大革命失败后，我们党吸取沉痛教训，奋起斗争反抗，先后发动了一系列武装起义，包括南昌起义、秋收起义、广州起义等100多次武装起义，以实际行动回击国民党反动派的背叛和打压。

从历史角度讲，大革命失败的一个重要原因，就是没有持之以恒地走群众路线和旗帜鲜明地依靠工农群众力量。鉴于沉痛教训，在党的"八七"会议上，中央作出了要到群众中去、创立革命根据地、开展武装斗争等重大正确决议。毛泽东同志在会议期间提出了枪杆子里面出政权的重要思想。1928年6月，党的第六次全国代表大会在苏联莫斯科召开，斯大林在接见中共有关领导时，对当时中国时局提出了一个重要判断——中国革命现在是两个革命高潮之间的低潮时期，这个时期关键是要争取群众。应该说，斯大林的这一重大判断对当时和未来一个阶段我们党的路线方针和工作重点，产生了积极作用。

党的六大正确分析了中国社会的基本性质，明确强调中国现阶段是一个半殖民地半封建国家，中国革命现阶段性质仍然是资产阶级民主革命，并强调要把工作中心由组织暴动为主转到从事长期艰苦的群众工作，并明确把争取群众作为党的首要任务。我们党特别是毛泽东等同志在1927年就思考和探索到农村、山区去建立革命根据地的伟大实践，开辟了井冈山革命根据地。正是在长期艰难曲折、生死考验的实践中,我们党逐步形成了建立革命武装、农村包围城市、建设根据地、开展土地革命、红军长征、抗日战争和解放战争等正确的革命道路和战略方针,并取得了一次又一次的历史性胜利。显然,中华人民共和国成立后开展的社会主义革命和建设、改革开放和全面建成小康社会、全面推进新时代中国特色社会主义事业及其所取得的历史性成就,都是同我们党坚持走群众路线和以人民为中心的根本立场直接联系在一起的。

历史与实践充分证明,人民就是江山、江山就是人民。中国共产党人在任何时候都依靠人民、扎根人民、为了人民,坚定地把马克思主义关于人民是历史发展主体的基本原则和党的群众路线,贯彻落实到治国理政的全部实践活动之中。坚持人民至上、人民立场,是坚持马克思主义唯物史观、世界观、价值观和方法论的根本体现,也是我们党克敌制胜的根本法宝。

3.必须坚持历史发展的民族性

中国共产党是以马克思主义为自己思想理论基础的。马克思主义揭示了人类社会发展的普遍规律。但人类历史发展总是通过各国各民族的具体实践活动而展现的,马克思主义的生命力就扎根于不同国家的具体实践之中,就在于同时代实践相结合。不断推进马克思主义中国化时代化,坚持实事求是原则,是我们党的基本立场和基本经验,是我们党不断提高理论和实践创新水平、增强工作主动性、系统性、自觉性和不断开辟历史发展新境界的根本原因。

中国共产党的诞生和发展过程,是马克思主义不断中国化时代化的过程。在党的历史上,曾出现过种种左倾机会主义和右倾机会主义,特别是王明教条主义给党造成了严重损失。毋庸讳言,党对马克思主义理论发展规律和中国社会基本国情的认识有一个过程,尤其因革命斗争实践经验不足,在大革命时期、土地革命时期,一度出现了照搬马克思主义现成理论和俄国革命经验的教条主义,其中最典型的是城市暴动论、城市中心论,以及照搬共产国际那些不切合中国革命实际的指令做法,尤其出现了由缺乏实战经验的共产国际代表直接指挥红军军事行动的严重教条化错误。直到1935

年1月遵义会议召开后，我们党才进入了独立自主解决中国革命和党自身发展实际问题的新阶段。遵义会议确立了党中央的正确领导，制定和实施了符合中国革命实际的新战略新方针。这是我们党和军队发展史上的一次伟大的历史性转折。

以毛泽东同志为主要代表的中国共产党人，坚持从中国实际出发思考中国革命问题，提出了农村包围城市、建设革命根据地等一系列正确的思想和做法，并在长期革命斗争和建设实践中，创立和发展了毛泽东思想，实现了马克思列宁主义的基本原理与中国革命具体实践相结合的伟大飞跃，指导新民主主义革命实践取得了历史性胜利。中华人民共和国成立后，通过社会主义改造，建立社会主义基本制度，开展社会主义建设实践，发展了社会主义经济、政治和文化等各项事业。党的十一届三中全会以来，以邓小平同志为主要代表的中国共产党人，全面总结中华人民共和国成立以来的经验教训，坚持党的实事求是思想路线，积极倡导思想解放，从国际国内的时代实际出发，果断实行改革开放，逐步形成了建设中国特色社会主义道路和方针政策，创立了邓小平理论。在建设中国特色社会主义新的发展实践中，我们党又形成了"三个代表"重要思想和科学发展观。党的十八大以来，以习近平同志为代表的中国共产党人，坚持从国内外新的发展实际出发，从理论和实践结合上系统回答了新的历史条件下坚持和发展什么样的中国特色社会主义、怎样坚持和发展中国特色社会主义这个重大的时代课题，创立了习近平新时代中国特色社会主义思想，实现了马克思主义中国化的新飞跃。在我们党的发展史上，每一次结合时代发展主题的重大理论创新和实践创新，都实现了马克思主义中国化时代化的新飞跃，从而推动党和国家事业的新发展。

马克思主义中国化时代化是一个永无止境的过程。马克思主义与各国实际相结合，也是一个与各国的民族性及其历史传统文化相结合的过程。这里需要指出的是，马克思主义同本国本民族实际相结合，同样是一个不断推进的动态过程。历史是过去的，也是有生命的。一个民族优秀传统文化的有机生命体必然会以不同形式存活在时代进程之中，因而民族性即各国的历史和国情是随着时代发展而不断变化的。我们要更深刻地理解马克思主义理论并与本国民族性更好地相结合，还必须站在全人类发展的时空高度去把握，使马克思主义和党的领导始终走在时代前列。因此，马克思主义理论本身和马克思主义中国化过程，始终有一个时代性问题，包括民族性的时代特点问题。显然，马克思主义中国化与时代化是统一的，时代的民族性与民族的时代性也是统一的。这是人类历史发展进程中的一个重要特点。民族性有历史性和确定性，又具有发展性和时代性。只有全面而科学地把握好这种统一性，才能把马克思主义与中国实际、时代实际更好地结合起来，不断开创历史发展的新局面。

坚持结合本国实际和时代实际运用马克思主义，是我们党的全部理论和实践的立足点，更是我们党从长期奋斗实践中得出的一个重要历史结论。中国共产党人坚持把马克思主义基本原理同中国具体实际相结合、同中华优秀传统文化相结合，用马克思主义去观察时代、把握时代、引领时代，从而不断推进马克思主义中国化时代化，同时又在时代实践中推动中华民族实现新的发展。

4. 必须坚持历史发展的主动性

我们党要实现对革命和各项事业全面领导，进而推动和引领时代发展，就必须自觉认识和掌握历史发展的规律性，并积极推动社会实践向着正确的轨道和方向发展，这就需要自觉地掌握历史发展的主动性。

在历史发展进程中，如果不能正确认识历史发展方向，不能引领社会力量走到时代发展前列，那就会被动、落伍，就有被时代所抛弃的危险。化危局开新局、化被动为主动，重要的是把握历史发展方向，审时度势，积极有为。

对中国共产党人来说，掌握历史发展的主动性，首先必须坚持正确的政治方向、政治路线，坚持走正确的发展道路，坚守革命理想信念，坚持党中央权威和集中统一领导，坚持和发展中国特色社会主义。掌握历史发展的主动性，就必须坚持马克思主义的科学真理，并结合国情和时代特点不断推进党的理论创新，从而不断提高历史实践活动的自觉性和创造性。马克思主义是党的根本指导思想，是党的灵魂和旗帜，是党保持历史洞察力、时代引领力的思想保证。掌握历史发展的主动性，必须紧紧依靠人民去创造历史。"中国共产党根基在人民、血脉在人民、力量在人民。"[1] 必须坚持以人民为中心的根本立场，尊重人民首创精神，把人民群众的实践创造性不断转化为推动历史发展的根本动力。掌握历史发展的主动性，必须深刻认识和把握历史发展的根本主题及社会基本矛盾，牢记和践行初心使命，义无反顾地肩负起实现中华民族伟大复兴这一历史使命，坚持用远大奋斗目标和任务去激励、引领人民。掌握历史发展的主动性，必须加强党的组织力量建设，同时还要团结一切可以团结的力量，形成强大的党的组织和干部队伍，不断巩固和发展爱国统一战线。掌握历史发展的主动性，还必须坚持党对军队的绝对领导，不断加强国防和军队现代化建设。"坚持党指挥枪、建设自己的人民军队，是党在血与火的斗争中得出的颠扑不破的真理。人民军队为党和人民建立了不朽功勋，是保卫红色江山、维护民族尊严的坚强柱石，也是维护地区和世界和平的强大力量。"[2]

中国共产党掌握历史发展的主动性，最关键的在于必须坚持党的全面领导并不断完善党的领导。掌握历史发展主动性，推动历史发展引领性，最根本的是掌握对推进各项事业发展和社会发展力量的领导权。放弃或丧失了历史发展的领导权，就谈不上历史的主动性。党政军民学，东西南北中，党是领导一切的。任何时候，我们都必须旗帜鲜明地加强党的全面领导，自觉增强政治意识、大局意识、核心意识和看齐意识，坚定道路自信、理论自信、制度自信和文化自信，坚决维护全党核心、全军统帅、人民领袖的崇高地位、党中央权威和集中统一领导，牢记"国之大者"，不断提高党科学执政、民主执政、依法执政水平，充分发挥党总揽全局、协调各方的领导核心作用。

---

[1] 习近平：《在庆祝中国共产党成立100周年大会上的讲话》，北京：人民出版社，2021年版，第11页。

[2] 习近平：《在庆祝中国共产党成立100周年大会上的讲话》，北京：人民出版社，2021年版，第15页。

习近平总书记在庆祝中国共产党成立100周年大会上的讲话中指出:"中华民族近代以来180多年的历史、中国共产党成立以来100年的历史、中华人民共和国成立以来70多年的历史都充分证明,没有中国共产党,就没有新中国,就没有中华民族伟大复兴。历史和人民选择了中国共产党。中国共产党领导是中国特色社会主义最本质的特征,是中国特色社会主义制度的最大优势,是党和国家的根本所在、命脉所在,是全国各族人民的利益所系、命运所系。"[1]

5.必须坚持不懈地推进党的自我革命

事物只有在运动中才能生存和发展。唯有那些能自我变革、自我提升、自我完善的事物,才具有强大的内在的自我发展能力。这样的事物通常是新生的、积极进步的事物。

习近平总书记指出:"勇于自我革命是中国共产党区别于其他政党的显著标志。我们党历经千锤百炼而朝气蓬勃,一个很重要的原因就是我们始终坚持党要管党、全面从严治党,不断应对好自身在各个历史时期面临的风险考验,确保我们党在世界形势深刻变化的历史进程中始终走在时代前列,在应对国内外各种风险挑战的历史进程中始终成为全国人民的主心骨!"[2]因为,中国共产党是以先进的马克思主义理论武装的,是有坚定理想信念和使命担当的,是始终代表最广大人民根本利益而没有任何自己特殊利益的,党从来不代表任何利益集团、任何权势团体、任何特权阶层的利益。

正因为如此,我们党勇于坚持和加强党的全面领导,坚持党要管党、全面从严治党,以加强党领导革命实践和长期执政能力建设及先进性、纯洁性建设为主线,以党的政治建设为统领,以坚定理想信念宗旨为根基,以调动全党积极性、主动性、创造性为着力点,全面推进党的政治建设、思想建设、

---

1.习近平:《在庆祝中国共产党成立100周年大会上的讲话》,北京:人民出版社,2021年版,第10—11页。

2.习近平:《在庆祝中国共产党成立100周年大会上的讲话》,北京:人民出版社,2021年版,第19页。

组织建设、作风建设、纪律建设，深入开展反腐败斗争，不断自我淘汰和自我革新，不断自我总结和自我完善，不断提高党的建设质量，坚持不懈地把党的建设伟大工程不断提高到新水平新阶段，真正把党建设成为始终走在时代前列、人民衷心拥护、勇于自我革命、经得起各种风浪考验、朝气蓬勃的马克思主义先进政党。

早在1939年10月，毛泽东同志在《〈共产党人〉发刊词》一文中，就深刻总结了中国共产党自建立以来的建党经验，提出要"建设一个全国范围的、广大群众性的、思想上政治上组织上完全巩固的布尔什维克化的中国共产党"[1]，并把建设这样一个党称之为"伟大的工程"[2]。党的百年奋斗史，也是党自身"伟大工程"的建设史。党的建设工程保证和推动各项事业的顺利发展，党的自我革命带动和引领社会革命。

历史已经并将继续证明，没有中国共产党的领导，就不可能取得革命胜利，就不可能有新中国，就不可能有中国特色社会主义，中华民族的伟大复兴也不可能成为现实。同时，我们党要始终成为时代先锋、民族脊梁，始终成为马克思主义执政党，自身必须始终过硬，必须保持自身的生机和活力。这就需要全党自觉地全面加强党的建设，坚定理想信念，坚定党性原则，弘扬伟大建党精神，赓续红色血脉，勇于直面问题，敢于自我变革，坚决消除一切损害党的先进性和纯洁性的因素，清除一切侵蚀党的健康肌体的病毒，不断增强党的政治领导力、思想引领力、群众组织力、社会号召力，确保我们党永葆旺盛的生命力和强大的战斗力。

在开启第二个百年奋斗目标的新征程上，我们要继续推进新时代党的建设新的伟大工程。实现中华民族伟大复兴的伟大梦想和历史使命，必须进行伟大斗争、建设伟大工程、推进伟大事业，"伟大斗争，伟大工程，伟大事业，伟大梦想，紧密联系、相互贯通、相互作用，其中起决定性作用的是党的建设新的伟大工程。推进伟大工程，要结合伟大斗争、伟大事业、伟大梦

---

1.《毛泽东选集》第二卷，北京：人民出版社，1991年版，第602页。
2.同上。

想的实践来进行,确保党在世界形势深刻变化的历史进程中始终走在时代前列,在应对国内外各种风险和考验的历史进程中始终成为全国人民的主心骨,在坚持和发展中国特色社会主义的历史进程中始终成为坚强领导核心"[1]。

百年奋斗征程,百年砥砺辉煌。以史为鉴,可以知兴替。百年来,中国共产党团结带领中国人民开辟了正确道路、形成了伟大建党精神、积累了化危局开新局的丰富智慧,创造了彪炳千秋的伟业。习近平总书记指出,历史可以映照现实,远观未来。从中国共产党的百年奋斗中,我们能看清楚过去为什么能够成功,也能弄明白未来我们怎样才能继续成功,从而在新的征程上更加坚定、更加自觉地牢记初心使命、开创美好未来。[2]

---

1. 《习近平谈治国理政》第三卷,北京:外文出版社,2020年版,第14页。
2. 参见习近平:《在庆祝中国共产党成立100周年大会上的讲话》,北京:人民出版社,2021年版,第10页。

# 11 弘扬伟大建党精神 奋力走好新的"赶考"路

第十一篇

> 过去一百年,党向人民、向历史交出了一份优异的答卷。现在,中国共产党满怀历史自信,团结带领中国人民又踏上了实现第二个百年奋斗目标新的"赶考"之路,必将继续考出优异成绩,在新时代新征程上书写更加辉煌的新篇章。

## 一、奋力走好新的"赶考"路,必须坚定地做"两个确立"的拥护者、执行者

党的十九届六中全会通过的《中共中央关于党的百年奋斗重大成就和历史经验的决议》,站在党"两个一百年"奋斗目标历史交汇的高度,庄重宣示:"党确立习近平同志党中央的核心、全党的核心地位,确立习近平新时代中国特色社会主义思想的指导地位,反映了全党全军全国各族人民共同心愿,对新时代党和国家事业发展、对推进中华民族伟大复兴历史进程具有决定性意义。"[1]"两个确立"是十九届六中全会的最重大决定,是新时代中国共产党最重要的政治成果。

---

1.《〈中共中央关于党的百年奋斗重大成就和历史经验的决议〉辅导读本》,北京:人民出版社,2021年版,第127页。

走好实现第二个百年奋斗目标新征程的"赶考"路,必须有党的坚强领导核心和领路人。"两个确立"是历史选择,充分体现党的历史自信和历史自觉,凝结着党的宝贵历史经验。历史告诉我们,党的领导核心和思想理论的成熟是各项事业成功的关键所在。百年党史给我们的一个重要启示就是,坚决维护党中央的核心、全党的核心是党在重大时刻凝聚共识、果断抉择的关键,是党团结统一、胜利前进的重要保证。自觉维护党的领导核心和党的领袖权威、坚持中国化时代化马克思主义的指导地位,关乎党和国家前途命运。确立和维护党的公认领导、形成和贯彻党的科学理论,是我们党成熟的根本标志,是党发挥领导核心作用的根本保证,是各项事业顺利发展的根本前提。中国特色社会主义进入新时代的重要关键时刻,党确立习近平同志党中央的核心、全党的核心地位,确立习近平新时代中国特色社会主义思想的指导地位,对新时代党和国家事业的历史进程具有决定性意义。

党的公认领袖和科学理论是在伟大历史实践中形成和确立的。进入新时代以来,我们党和国家面临形势环境的复杂性和严峻性、肩负任务的繁重性和艰巨性世所罕见、史所罕见。习近平总书记以马克思主义政治家、战略家的胆略,统筹国内外大局,推进改革发展稳定、内政外交国防、治党治国治军工作,领导全党全国各族人民抓住机遇、攻坚克难,解决了许多长期想解决而没有解决的难题,办成了许多过去想办而没有办成的大事,党和国家事业取得历史性成就、发生历史性变革。十八大以来党和国家事业取得历史性成就、发生历史变革,最根本的原因就在于有习近平总书记作为党中央的核心、全党的核心掌舵领航,在于有习近平新时代中国特色社会主义思想的科学指引。

党的十八大以来,习近平同志就新时代面临的重大时代课题和关系新时代党和国家事业发展的一系列重大理论和实践问题,进行了深邃思考和科学判断,提出了一系列原创性的治国理政新理念新思想新战略,创立了习近平新时代中国特色社会主义思想。习近平新时代中国特色社会主义思想是当代中国马克思主义、二十一世纪马克思主义,是中华文化和中国精神的时代精华,实现了马克思主义中国化新的飞跃。这一闪耀真理光芒的科学理论已经指引党和国家事业取得了重大成就，必将指引我们创造新的伟业。走好实现第二个百年奋斗目标新征程的"赶考"路，必须更加深入学习贯彻习近平新时代中国特色社会主义思想，更加自觉牢记中国共产党"是什么、要干什么"这个根本问题，更加坚定不移地走中国特色社会主义道路，确保党和国家事业始终沿着正确的方向和道路前进。我们要把学深悟透和全面贯彻习近平新时代中国特色社会主义思想，自觉地转化为走好新征途"赶考"路的实际行动。

走好新征程"赶考"路，全党上下必须不断提高政治判断力、政治领悟力、政治执行力，增强"四个意识"、坚定"四个自信"、做到"两个维护"，坚定不移地贯彻落实党中央方针政策和工作部署，在新时代新征程上展现新气象新作为，开创各项工作新局面。

## 二、奋力走好新的"赶考"路，必须不断增强党的历史自信

习近平总书记指出，在新的"赶考"之路上，我们能否继续交出优异答卷，关键在于有没有坚定的历史自信。我们党对接续走好新的"赶考"路充满信心，有自觉而坚定的历史自信。

我们党坚定的历史自信，首先是由自己的科学理论和理想信念决定的。马克思主义已由历史实践证明是代表人民根本利益和人类社会发展方向的科学真理，是有强大的真理力量和生命力的。马克思主义揭示了人类社会历史运动客观规律和发展大趋势，形成了辩证唯物主义和历史唯物主义的科学世界观、价值观和方法论，确立了代表人民群众根本利益的社会主义、共产主义理想信念。早在《共产党宣言》问世时，马克思和恩格斯就阐明了共产党人为无产阶级和绝大多数劳动者而斗争的政治立场和主张，明确指出："过去的一切运动都是少数人的，或者为少数人谋利益的运动。无产阶

级的运动是绝大多数人的,为绝大多数人谋利益的独立的运动。"[1] 马克思主义理想信念和共产党从事的一切运动,体现了"天下为公"的历史大势和社会正义。马克思主义政党有坚定的理想信念和历史主动精神,从科学理论和理想信念中获得察大势、应变局、观未来的指路明灯。

  我们党的坚定历史自信来自党的性质宗旨和初心使命。作为马克思主义政党,中国共产党始终代表最广大人民的根本利益,没有任何自己特殊的利益,也从来不代表任何利益集团、任何权势团体、任何特权阶层的利益。从诞生那天起,我们党所付出的一切牺牲和创造,都是为了人民,所进行的一切奋斗都致力于为中国人民谋幸福、为中华民族谋复兴。中国共产党是马克思主义先进政党,今天已成为拥有9600多万名党员、领导着14亿多人口大国、具有重大全球影响力的世界第一大执政党。我们党坚持胸怀天下,始终以世界眼光关注人类前途命运,坚持主持公道、伸张正义,站在历史正确的一边,站在人类进步的一边,致力于为人类谋进步、为民族谋复兴、为世界谋大同。中国共产党的初心使命和历史担当,体现了天下为公,人间正道。习近平总书记指出,这是我们党具有历史自信的最大底气,是我们党在中国执政并长期执政的历史自信,也是我们党团结带领人民继续前进的历史自信。今天,我们完全可以自信地说,中国共产党没有辜负历史和人民的选择。

  我们党坚定的历史自信来自党丰富的历史经验。习近平总书记指出,我们要从党的百年奋斗史中汲取智慧和力量,不断增强历史自信。我们党走过了百年光辉历程,团结带领人民取得了举世瞩目的重大成就,积累了极其宝贵的历史经验。这些重大成就和历史经验是最生动、最有说服力的教科书。中国共产党团结带领人民浴血奋战、百折不挠,创造了新民主主义革命的伟大成就;自力更生、发愤图强,创造了社会主义革命和建设的伟大成就;解放思想、锐意进取,创造了改革开放和社会主义现代化建设的伟大成就;自信自强、守正创新,统揽伟大斗争、伟大工程、伟大事业、伟大梦想,创造了新时代中国特色社会主义的伟大成就。这些历史变革和重大成就深刻

---

1.马克思、恩格斯:《共产党宣言》,北京:人民出版社,2014年版,第39页。

改变了近代以后中华民族发展的方向和进程,深刻改变了中国人民和中华民族的前途和命运,深刻改变了世界发展的趋势和格局。这一百年来党团结带领人民开辟的伟大道路、创造的伟大事业、取得的伟大成就,必将载入中华民族发展史册、人类文明发展史册,也是我们接续奋斗前行的深厚根基。在百年历史实践中,党领导人民在进取中突破,于挫折中奋起,从总结中提高,积累了坚持党的领导、人民至上、理论创新、独立自主、中国道路、胸怀天下、开拓创新、敢于斗争、统一战线、自我革命十大历史经验。这是党和人民极为宝贵的精神财富,是我们充满历史自信,走好新的"赶考"路的强大力量。

历史自信需要建立在正确的历史认知的基础上。习近平总书记指出,对历史进程的认识越全面,对历史规律的把握越深刻,党的历史智慧越丰富,对前途的掌握就越主动。历史自信和历史主动精神,来自对历史的正确认知。我们党历来重视科学理论、党史等学习教育,是一个善于理论思维、善于总结历史经验的政党。历史成就、历史经验、历史事件和历史活动,都需要有正确的立场、观点、方法去认识和总结。我们党一直坚持用实事求是、客观辩证的观点正确总结党的历史,反对各种历史虚无主义错误观点。特别是党的十八大以来,我们党鲜明地坚持唯物史观和正确党史观,在党和国家历史问题上正本清源,对党的历史郑重、全面、权威地作出科学总结,深入推进党史学习、教育、宣传,使全党全社会通过学史明理、学史增信、学史崇德、学史力行,不断增强历史自信、增进团结统一、增强斗争精神,让正确党史观得到广泛传播,让正史成为全党全社会共识,使广大党员、干部和全体人民特别是广大青年更加坚定历史自信,不断筑牢历史记忆,满怀信心地昂首前进。

百年奋斗历程已充分诠释了中国共产党的先进性和全心全意为人民服务的宗旨,深刻彰显了党的崇高初心和使命,浓墨书写了中华民族几千年历史上最恢宏的史诗,出彩地回答了中国共产党"是什么、要干什么"这个根本问题和"从哪里来、往哪里去"这个基本命题。党的十八大以来,以习近平同志为核心的党中央,就新时代坚持和发展什么样的中国特色社会主义、怎样坚持和发展中国特色社会主义,建设什么样的社会主义现代化强国、怎样建设社会主义现代化强国,建设什么样的长期执政的马克思主义政党、怎样建设长期执政的马克思主义政党等重大时代课题,提出一系列原创性的治国理政新理念新思想新战略,创立了习近平新时代中国特色社会主义思想。我们党有足够的历史自信和历史智慧,团结带领人民走好新的"赶考"路,不断开创更美好的未来。

## 三、奋力走好新的"赶考"路,必须更密切地联系人民群众

"赶考"本质上就是赶人民之"考"。时代是出卷人,党和政府是答卷人,人民是阅卷人、评卷人。"考卷""答卷"的主题永远是人民利益、人民幸福。

中国共产党所奋斗的一切是为了人民幸福和民族复兴大业。我们党不仅要占据着科学真理的制高点,而且要占据着为民利民的道义制高点。人民力量是我们党的执政之基。始终把人民放在心中最高位置,以百姓之心为心,以百姓利益为本,与群众有福同享、有难同当,有盐同咸、无盐同淡,这就是我们党过去、现在和未来克服一切困难、不断取得胜利的根本法宝,也是我们党始终保持先进性和长期执政的根本保证。离开了人民和人民的力量,我们党不但一事无成,而且势必政息人亡。因此,我们要结合新时代新实践,不断深化认识人民是党的生命根基这个大道理,并在全部执政活动中体现好落实好这个大道理。

习近平总书记告诫全党:"保持党的先进性和纯洁性、巩固党的执政基础和执政地位靠什么?最重要的就是靠坚持党的群众路线、密切联系群众。"[1]历史和实践反复证明,我们党的最大政治优势是密切联系群众,党执政后的最大危险是脱离群众。能否实现好人民的根本利益,能否满足人民

---

1.习近平:《习近平谈治国理政》第一卷,北京:外文出版社,2018年版,第367—368页。

群众不断增长的美好生活的需求,能否保持党同人民群众的血肉联系,决定着党和国家事业的成败。警惕和防止脱离人民群众,最重要的是全党和各级领导干部要真心实意地坚持人民至上、以民为本,尊重敬畏人民的主体地位,保障和发展人民的根本权益,坚持从群众中来到群众去,自觉接受人民监督和批评,坚持全面从严治党,坚决清除一切消极腐败现象和腐败分子,坚持科学执政、民主执政、依法执政,积极推进国家治理体系和治理能力现代化,不断提高新的历史条件下的执政水平,团结带领人民同心同德战胜前进道路上的各种可能风险,不断推进党和国家各项事业的新发展,以更加优异的"赶考"成就赢得人民的"点赞"和拥护。

走好"赶考"路,不负人民,为人民执好政,向人民交出优异答卷,让人民满意高兴,最重要的在于坚持和发展中国特色社会主义事业,坚持以人民为中心的发展思想,全面落实新发展理念,不断推动物质文明、政治文明、精神文明、社会文明、生态文明协调发展,让人民群众在现代化建设事业进程中得到更多更全面的实际利益,生活水平不断提升,生活质量不断改善。进入新时代,我们党坚持一切为了人民、一切依靠人民,在密切党同人民群众联系方面采取一系列重大举措,部署实施一系列保障和改善民生的重大工作,打赢脱贫攻坚战,历史性地解决了绝对贫困问题,如期实现全面建成小康社会目标。坚持人民至上、生命至上,夺取抗击新冠肺炎疫情斗争重大战略成果。坚持全面从严治党,扎实开展党的群众路线教育实践活动、"不忘初心、牢记使命"主题教育、党史学习教育等党内集中学习教育,持之以恒正风肃纪、反腐惩恶。经过持续努力,全党贯彻党的群众路线的自觉性和坚定性明显增强,党在群众中的威信和形象进一步树立,党心民心进一步凝聚。

党执政后,就要把人民生活幸福作为"国之大者",把发展经济、满足广大人民经常性的生活利益需求作为工作的重心。必须牢固树立以人民为中心的发展思想,坚定地把"人民对美好生活的向往"作为党和国家工作的奋斗目标。当前,我国社会主要矛盾已经转化为人民日益增长的美好生活需要和不平衡不充分的发展之间的矛盾。我们要继续坚持以人民为中心的发展思想,不断体现逐步实现共同富裕的发展要求,立足新发展阶段、贯彻新发展理念、构建新发展格局，着力提升发展质量和效益，以期更好地满足人民生活质量日益增长的需要，更好地促进人的全面发展和全体人民共同富裕。

## 四、奋力走好新的"赶考"路，必须不断推进党的自我革命

党的百年历史，也是我们党不断保持党的先进性和纯洁性、不断增强拒腐防变和抵御风险能力的历史。办好中国的事情，关键在党。我们党能否接续走好"赶考"路，续写发展新篇章，关键又在于我们党的"伟大工程"建设，不断把党的先进性和纯洁性推向新的时代高度。

勇于自我革命，是我们党最鲜明的品格，也是我们党最大的优势，自我革命精神是党永葆青春活力的强大支撑。我们党能够历经百年沧桑更加充满活力，从最初的50多名党员发展壮大为今天拥有9600多万名党员、领导着14亿多人口大国、具有重大全球影响力的世界第一大执政党，最根本的在于党始终围绕保持和发展马克思主义政党先进性和纯洁性加强自身建设、进行自我革命。党的伟大不在于不犯错误，而在于从不讳疾忌医，始终坚持真理、修正错误，敢于正视问题、克服缺点，勇于刮骨疗毒、去腐生肌。从八七会议、古田会议到遵义会议，从延安整风运动到党的十一届三中全会，再到新时代全面从严治党，我们党始终顺应历史潮流，与时俱进、砥砺前行，在生死斗争和艰苦奋斗中不断发展壮大，团结带领人民创造了一个又一个彪炳史册的人间奇迹。正是在不断推进自我革命中，我们党不断增强自我净化、自我完善、自我革新、自我提高能力，依靠党自身力量发现问题、纠正偏差、推动创新，实现党的领导能力、执政能力不断提升的良性循环，探索出一条长期执政条件下解决自身问题、跳出历史周期率的成功道路。

"赶考"的真正要义，在于把党建设成理想信念坚定而朝气蓬勃的马克思主义政党，始终能经受住各种风浪考验、人民衷心拥护的坚强领导核心。这就必须结合时代特点不断加强党的先进性和纯洁性建设。先进性和纯洁

性是马克思主义政党的本质属性,是党生存和发展最根本的依据所在。党的先进性和纯洁性建设是一个永恒课题,它永远走在"赶考"的路上。

中国共产党要领导全国各族人民实现第二个百年奋斗目标,实现中华民族伟大复兴的中国梦,必须全面推进党的建设新的伟大工程,以党的政治建设为统领,全面推进党的"伟大工程"建设,不断提高党的领导水平和执政水平,不断提高拒腐防变和抵御风险的能力,不断增强党的自我净化、自我完善、自我革新、自我提高能力,不断提高党的创造力、凝聚力、战斗力,使我们党始终走在时代前列,永葆马克思主义政党的先进性和纯洁性,始终成为中国人民和中华民族最可靠的主心骨和坚强领导核心。

百年辉煌,千秋伟业。中国共产党完全有信心、有能力接续走好新时代"赶考"路,以更加辉煌的成就不断向人民交出优异的答卷。

# 后 记

Postscript

人是要有一点精神的。一个政党、一个民族、一个国家同样如此。人类社会之所以与自然世界、动物世界有根本区别，一个重要标志就是人类有自觉的精神世界，而各国各民族之所以有不同特点，一个基本原因也是各自有不同的精神文化。精神文化活动是人类世界最深沉、最持久、最具辨识度的生存和发展方式，精神文化也是文明进步的强大动力。

一个政党的产生和发展壮大，是离不开一定的思想理论和精神文化的。政党，是近现代社会政治文明发展的产物，是现代社会最重要的政治组织。各类政党都是按照不同的政治理念和代表不同阶层利益而产生并展开其政治活动的。能否自觉意识到并提炼概括出自身独特的政党精神，是一个政党是否成熟的重大标志。

中国共产党是马克思主义先进政党，从诞生那天起就形成了自己独特的伟大建党精神，并在波澜壮阔的百年奋斗历程中坚持弘扬伟大建党精神。在中国共产党成立100周年之际，习近平总书记对我们党的重大历史成就、历史经验作了系统回顾和总结，并在我们党的历史上第一次对伟大建党精神作出了科学提炼和概括：坚持真理、坚守理想，践行初心、担当使命，不怕牺牲、英勇斗争，对党忠诚、不负人民。这是中国共产党先驱们创建中国共产党时就形成的伟大建党精神。中国共产党的伟大建党精神及其百年来培育的一系列红色精神，是我们党鲜明的政治品质和精神风骨，也是我们党战胜一切困难、一切敌人，不断取得胜利的重要秘诀。

历史川流不息，精神代代相传。当中国共产党人迈上为实现第二个百年奋斗目标而拼搏的重要历史时期，我们必须更自觉地用历史映照现实、远观未来，弘扬优良传统，赓续红色血脉，永远把伟大建党精神继承下去、发扬光大，永葆党的马克思主义政治本色，确保党始终走在时代前列，不断走好新时代"赶考"之路，使我们党始终成为坚持和发展中国特色社会主义事业的坚强领导核心。

在党的百年诞辰之际，作者多次温习党史，认真学习领会习近平总书记的一系列重要讲话精神，并着重围绕伟大建党精神这个主题作了一些思考，撰写了一些体会文章。文章多数在《人民日报》《学习时报》等报刊公开发表过，此次结集出版，是为了与读者朋友相互交流，为推进党的崇高事业尽点微薄之力。

本书汇集了我近期学习思考中国共产党历史，主要是伟大建党精神方面的体会文章。由于思考主题和写作时间相对比较集中，事先也没有做过系统设计，因而各篇文章之间便缺乏严格的逻辑联系，具体所述内容更是难免重复，此次编辑出版时虽尽量弥补，但这些缺憾仍未得到明显改变。这是需要向读者朋友致歉的。

毫无疑问，本书选题政治性、史料性和论述的规范性要求都是很高的。为此，我和出版社同志商量邀请浙江省委党史和文献研究室副主任王祖强同志帮助拨冗审阅书稿。王祖强同志用春节假期时间，认真、仔细审阅书稿，提出了不少修改意见，帮助斧正了许多错误文字和不够规范的表述，甚至连一些不规范的标点和注释也一一改正。他的严谨学风令我感动，也让我学到了不少知识。我真诚地感谢王祖强同志付出的劳动！

浙江大学马克思主义学院博士生李佳威、李学敏是本书附录中若干文章的共同作者。我更要感谢他们用不少精力协助校阅了书中的不少文稿，特别是李佳威同志帮我查找和完善了全书引文出处的注释。

我还要感谢红旗出版社社长褚定华的支持和总编辑助理、责任编辑赵洁所付出的劳动！

王永昌

2022 年 2 月 12 日于杭州竺泉斋